가면과 본색

가면과 본색

| 천공 지음 |

가면을 벗기면 본색이 보인다

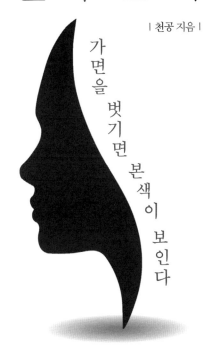

쌤앤파커스

지난 2019년 12월 중국 우한에서 시작된 코로나바이러스 19가
한국은 물론 전 세계를 팬데믹 상태로 몰아넣고 현재까지도 사
라지지 않고 있다. 코로나로 인해 한국경제와 사회가 큰 혼란을
겪고 있다. 더구나 비대면으로 소통하다 보니 인간적인 정(情)마
저 점점 사라지고, SNS를 통해 상대방을 비난하거나 보이스피싱
같은 사기들이 빈번하게 일어나고 있는 실정이다.

인간의 내면에서는 언제나 선(善)과 악(惡)이 충돌한다. 그런데
악이 선의 가면을 쓰고 어떤 행위를 하게 되면 마치 선으로 둔갑
한다. 누가 이런 사회를 만들었는가? 소위 사회 지도층이라고 자
타가 공인하는 정치인, 교수, 검사, 종교인들이 자신의 책무를
다하지 않고 분열을 야기해 사회를 혼란스럽게 한 결과이다.

더불어 산다는 건 모두가 합심하여 하나의 목표를 향해 앞으로
나아가는 것이다. 코로나바이러스가 창궐하는 이때, 모두가 힘

을 모아야 함에도 지도층이 오직 이익과 권력을 놓고 힘겨루기를 하는 걸 보면 재야의 한 사람으로서 심히 안타깝고 한심스럽다.

어디 정치뿐인가? 종교·경제·문화·교육을 좌지우지하는 지도층이 자기 진영만 옹호하는 집단이기주의가 만연하다 보니 애꿎은 국민만 피해를 보고 있다. 그들은 가면을 쓴 채 본색을 드러내지 않고 있지만 이미 국민은 다 알고 있을 것이다.

이번에 내는 《가면과 본색》은 우리 사회와 개인이 안고 있는 갖가지 모순들을 하나하나 들여다본다. 정치·사회·종교·경제·문화 등 전반을 아우르며 더 나은 세상으로 가기 위한 길을 제시한다. 우리가 공부하는 목적은 배우고 깨쳐서 그것을 내 삶의 도구로 만들기 위함이다. 안다는 것은 근본을 찾아가는 것이다. 스스로 자신의 모순을 깨닫고 그것을 깨뜨리는 데 이 책을 잘 쓰기 바란다.

지금 우리는 코로나바이러스로 인해 전례 없이 힘든 시기를 보내고 있다. 지구촌이 위기에 직면한 이때, 국민들이 단합하여 국난을 잘 헤쳐가고 있다는 것이 그나마 다행스럽다. 실로 자랑스러운 우리 국민들이다.

　이제는 사회 지도층이 거짓과 위선의 가면을 벗어던지고 미래를 향해 화합의 길로 나서야 한다. 위기를 극복할 수 있는 길은 우리 모두가 한마음이 되는 것뿐이다. 마지막으로 모두의 삶이 편안하고 행복하기 바란다.

2020년 11월

천공

차례

2장

개인의
가면

3장

종교의
가면

4장

지식의 가면

5장

정법의
길

1장

사회의 가면

가면과 본색

인간이 가면을 쓰는 이유는 여러 가지가 있겠지만 대개 두 가지로 압축할 수 있다. 하나는 프랑스의 추리작가 가스통 르루(Gaston Leroux)가 발표한《오페라의 유령》에서처럼 흉측한 얼굴을 감추려는 것이고, 또 하나는 자신의 나쁜 과거를 덮고 새로운 인생을 살고자 하는 것이다.

전자는 드러나는 형상을 감추기 위한 것이고 후자는 자신의 본질을 감추기 위한 추상적인 가면이라 할 수 있다. 주변을 둘러보면 화상을 입거나 신체적인 문제로 인해 어쩔 수 없이 얼굴을 감추는 경우도 있지만 의외로 후자의 삶을 살고자 하는 사람들도 많다.

누구에게든 드러내고 싶지 않은 개인적인 비밀이 있기 마련이므로 나는 누군가가 가면을 쓰고 있다고 해서 그들을 무조건 나쁘다고 보지는 않는다. 다만, 앞에서는 좋은 일을 하는 척하면서 뒤로는 나쁜 일을 하는 사람들이 문제이다.

가면과 관련하여 내가 하고 싶은 얘기는 정치와 종교, 기업은 물론, 비영리 사회단체 등에서 일어나고 있는 올곧지 않은 일들에 관한 것이다. 그들은 마치 가면을 쓴 유령과 다를 바 없기 때문이다.

요즘 우리는 코로나로 인해 싫든 좋든 마스크를 늘 쓰고 다닌다. 한번은 강의 중에 한 중년 여성에게 물었다.

"마스크를 쓰고 다니니까 어때요, 불편하지 않아요?"

"말해 뭣해요. 숨이 꽉꽉 막히고 미칠 거 같아요."

내가 웃으면서 말했다.

"얼굴이 예쁘신데 그 얼굴을 감추려고 하니 더 짜증 나죠?"

농담이었지만 강의실에 한바탕 웃음이 터졌다.

가만히 있어도 땀이 흘러내리는 무더운 여름날에 마스크를 쓰는 것 자체가 큰 곤욕이다. 어쨌든 우리는 역병으로 인해 때아닌 가면의 나날을 보내고 있는 것만은 분명한 사실이다.

본디 인간은 부처의 본성(本性)을 지니고 태어난다고 했다. 여기에서 부처란 깨달은 성자를 뜻한다. 해맑은 신생아의 얼굴을 보면 그 자체가 부처요, 예수요, 성자와 다름없다. 그런데 어떤가? 아이가 자라면 자기 것에 집착을 하게 되고 학령기에 들어서면 물질에 관해 급격한 욕심이 일어나기 시작한다.

이것은 누구나 겪는 성장의 과정이다. 만약 아이에게 욕심이 없다면 성장하지 못하거니와 이 험난한 세상을 살아갈 수도 없다. 다만, 그 욕심을 채우는 과정이 정당한가 아닌가가 문제이다.

어릴 때부터 자기집착이 강한 아이는 좋은 인성을 가지기가 어렵고 남을 사랑할 줄도 모른다. 이런 아이는 나중에 아주 큰 인물이 되거나 그렇지 않으면 외톨이가 되어 고달픈 인생을 살게 될 것이다. 대개 큰 인물들의 특징이 그렇다는 얘기이다.

내가 인간의 '가면과 본색'을 이야기하다가 뜬구름 잡는 것처럼 아이들의 성장에 관한 이야기를 왜 하는지 의문이 생길 것이다. 다름이 아니라 천진난만한 아이들이 성장하면서 어떻게 욕망의 가면을 쓰게 되는가를 알려주기 위함이다.

가면의 본질은 자신을 감추고자 하는 강한 욕구이다. 어려서부터 힘들게 살아온 사람은 얼굴에 그 그늘이 드러난다. 그런 사람이 어쩌다 남들보다 돈을 많이 벌거나, 권력을 잡거나, 큰 성공을 하게 되면 이중적인 얼굴을 하기 쉽다. 그래서 어릴 때의 환경이 중요하다.

힘든 삶을 산 사람일수록 어렵고 힘든 사람들의 처지를 더 헤아려야 하는데 이상하게도 더 배척하려는 마음을 가지고 있다. 그것은 아마 어려웠던 자신의 모습을 되돌리기 싫은 탓일 것이다. 그럴수록 자신의 가면을 벗고 어려운 사람들에게 다가간다면 더 많은 호응을 받을 수 있다.

내가 자꾸 이런 말을 하는 이유가 있다. 사회에서 중추적인 역할을 해야 할 사람들이 오히려 가면을 쓰고 행동하는 걸 종종 보기 때문이다. 이들은 세상을 더욱 어두운 곳으로 만드는 암적인 존재들이다.

종교도 마찬가지이다. 출가한 수행자들이 본래의 목적을 잊고 엉뚱하게 재물을 탐하는 일들은 종교의 가면을 쓴 것이나 다름 없고, 정치인들이 자신의 권력을 이용해 뇌물을 받는 것은 권력의 가면을 쓴 것이다. 또한 비영리단체들이 사회구호를 목적으로 기부 받은 돈을 자신들을 위해 함부로 쓰는 것도 봉사를 빌미로 가면을 쓴 것에 지나지 않는다.

인간은 가면을 쓰는 순간 이미 본래의 자신이 아니다. 성직자가 본분을 망각하고 재물을 탐하거나, 정치인이 사익을 취하기 위해 뒷돈으로 정치자금을 받거나, 비영리단체가 기부금을 개인적인 일에 쓰는 것은 사회의 악이다. 그들은 가면을 한 겹만 쓴 것이 아니라 여러 겹을 쓴 것이다. 그러나 시간이 지나면 가면 뒤의 본색(本色)은 반드시 드러난다.

우리는 지금 반성해야 한다

그동안 한국의 경제는 눈부시게 발전해왔다. 그러나 불명예스럽게도 자살률과 이혼률은 세계 1위를 달리고 있다.

그 밖에도 비공식적으로 1위가 많은데 고부간의 갈등 1위, 부모자식 간의 의견충돌 1위, 부부 대화단절 1위, 저출산율 1위, 사교육비 지출도 1위이다. 안 좋은 것은 다 끌어안고 사는 곳이 바로 한국이다. 눈부신 성장의 가면 뒤에 가려진 우리나라의 현실이다. 또 어떤 일이 닥칠지 아무도 장담하지 못한다.

누군가가 눈부신 성장 뒤에 숨은 모순덩어리를 과감하게 도려내야 하는데 이마저도 녹록하지 않다. 정치권은 오직 권력을 유지하기 위해 국민을 현혹하는 포퓰리즘 정책을 펴고 있으며 국민은 어떤 것이 옳은 정책인지 분별조차 못 하고 눈앞의 이익에만 집착한다.

국가가 점점 막다른 골목으로 가고 있는 것이다. 이제부터라도 우리는 모순을 꿰뚫어 볼 수 있는 통찰력을 갖춰야 한다. 아울러 모순을 혁파할 지혜를 모아야 한다. 그러기 위해서는 각자가 깊이 고민하지 않으면 안 된다.

고생 끝에 낙이 온다는 말은 틀렸다

고생 끝에 낙이 온다는 말은

요즘 같은 시대엔 통하지 않는다.

고생은 고생만을 낳을 뿐이다.

그렇다면 현실적으로

우리들에게 필요한 건 무엇일까?

낡은 가치관에 매이지 않는

생각의 전환이다.

세상은 하루가 다르게 급변하고 있는데

고루한 과거의 우물 안에 갇혀 있는 사람은

결코 성장할 수 없다.

정상은 쉽게 길을 내어주지 않는다

세계에서 가장 높은 에베레스트산을 오른
유명 산악인들이 늘 하는 말이 있다.
"정상의 70%까지는 누구나 오를 수 있지만
정상 직전의 나머지 30%는 개인의 의지이다.
그곳에는 위험한 크레바스가 항상 도사리고 있고
숨 쉬기조차 힘들어서 신의 영역이라 한다."
이렇듯 정상에 오르기 직전이 제일 힘든 법이다.

문명의 모순

인류는 수만 년 동안

윤회와 진화를 거듭하면서

눈부신 과학문명을

이뤄내었지만

핵의 발견으로 인해

멸망의 위기에

항상 노출되어 있다.

이렇듯 눈부신 과학의 발전 뒤에는

멸망이라는 모순이

언제나 뒤따르기 때문에

인류의 꿈은

쉽게 이루어지지 않는다.

가면

인간은 누구나 가면을 쓰고 있다.
가면을 벗기면 본색이 드러날까?
가면을 벗기면 또 다른 가면을
쓰고 있는 것이 바로 인간이다.
지금보다 삶이 나아지려면
자신이 쓰고 있는 가면을
스스로 벗어던져야 한다.

가면과 본색

모순은 또 다른 모순을 낳는다

　지금 한국 사회는 기성세대와 젊은이들이 심각한 대립각을 세우고 있다. 기성세대는 한국전쟁 이후 태어난 베이비붐 세대인 1956~1963년생을 가리키고 젊은이들은 1980년 이후 태어난 세대이다.

　기성세대는 못 먹고 못살다 보니 오직 일만 하면서 살아왔다. 그들의 고생이 있었기에 오늘날 우리나라가 경제대국이 되었다. 더구나 그들은 정치, 사회, 경제, 문화 등 각 분야에서 주도적인 역할을 담당하고 있다. 또한 그들은 가난의 시대를 겪어왔기에 자녀들에게만은 가난을 물려주지 않기 위해 교육에 매진한 결과 세계에서 교육수준이 가장 높은 국가가 되었다.

　그러나 고도성장과 기대는 또 다른 모순을 낳았다. 높은 교육열로 인해 고학력 실업자가 넘쳐나는 사회가 된 것이다. 그러다 보니 3D 업종은 심각한 인력난을 겪고 있고, 서비스 업종의 일자리를 오히려 고학력자가 차지하고 있다. 사회적으로 보면 큰 낭비이다.

그뿐만이 아니다. 기성세대는 느슨한 삶의 태도를 가진 젊은이들에게 많은 불만을 가지고 있고 젊은이들은 고루한 기성세대를 못마땅하게 생각한다. 그래서 생겨난 단어가 속칭 '꼰대'라는 말이다.

이것을 보면 지금 우리 사회가 어디로 가고 있는지 한눈에 알 수 있다. 지식인이 많으면 많을수록 이 사회가 더 많이 발전하고 더 많은 사람이 행복해야 하는데 오히려 세대 간에 불만이 급증하는 건 국가 발전에도 크나큰 걸림돌이 된다.

소위 '꼰대'라는 말에는 젊은이들이 기성세대를 인정하지 않고 조롱하는 의미가 있지만 기성세대의 말투에도 많은 문제가 있다.

"우리 때는 일과시간 외에도 열심히 일했는데 너희들은 왜 이래?"

"어휴, 겨우 이 정도밖에 안 했어?"

"조금 더 일하고 가면 안 돼?"

"집에 갈 때 우리 소주 한잔할까?"

상대방의 인격을 무시하는 기성세대의 말투는 자유분방하고 개인주의적인 사고를 지닌 젊은이들에게는 꼴불견으로 보일 것이다. 어쩌면 그들은 기성세대의 사고를 도무지 이해하지 못할 수도 있다.

지금의 젊은이들은 돈보다는 개인적인 자유를 더 추구하기 때문에 회사보다는 자기 자신에게 더 많은 시간을 투자한다. 그런 점에서 젊은이들을 이해하지 못하면 영원히 '꼰대' 소리를 들을 수밖에 없다.

이젠 융합하지 않으면 안 된다. 기성세대가 뚝심과 냉철한 판단력으로 세상을 살아왔다면, 지금의 젊은 세대는 뛰어난 언어와 IT 실력으로 무장하고 있다. 젊은이들이 자신들의 실력을 무한히 발휘할 수 있도록 기성세대가 격려해주고 이끌어주어야 한다. 또한 젊은이들은 기성세대의 노력과 관록을 인정해주고 존중해야 한다.

그런데 지금 한국 사회는 세대 간 거리가 점점 더 멀어지고 있다. 기성세대는 젊은이들의 개성과 자유를 무시하고 젊은이들은 기성세대를 '꼰대'라고 조롱한다. 고도성장이 만든 모순이다. 가정이 화목해야 모든 일이 잘 이뤄진다는 말이 바로 '가화만사성(家和萬事成)'이다. 국가가 바로 서려면 먼저 국민이 중심이 되어야 한다.

아무리 사회가 발전했다고 하더라도 인간성이 사라지면 그 사회는 이기주의적일 수밖에 없다. 자신의 이익만 추구하는 사회는 물질만능주의에 갇혀 불안해질 수밖에 없다. 물질문명이 만들어낸 심각한 모순이다. 이렇게 가다가는 행복은커녕 불만만 넘치는 사회가 될 것이다. 그러므로 기성세대는 자신들이 살아온 방식을 우리 젊은이들에게 강요하기보다는 그들이 지닌 장점을 잘 발휘할 수 있도록 이끌어야 한다.

리더가 지니고 있어야 할 것

직원이 해야 할 일을
리더가 굳이 나서서 하는 건
옳지 않은 방법이다.
리더는 할 일이 있어도
그냥 보고 지나갈 줄도 아는
마음의 여유를 가져야 한다.
자신이 아니면 안 될 것처럼
자꾸 조바심을 내거나
굳이 쫓아가서 직원이 하는 일에
사사건건 간섭한다면
리더로서 자격이 없다.
직원이 해야 할 몫은 맡기고
지켜보는 것도 리더의 미덕이다.

직원이 해야 할 일을

리더가 빼앗으면 안 된다는 말이다.

만약 그렇다면

그런 리더는 아직 공부 중이다.

안목을 키워라

자신의 분야에서 최고가 되려면
안목(眼目)도 함께 키워야만
진정한 최고가 될 수 있다.

남들보다 성공하기 위해서는
기술과 지식이 필요조건이지만
매우 중요한 요소 중 하나가
대상을 분별할 줄 아는 안목이다.

안목이 없는 사람은
눈앞의 이익에만 집착해서
더 큰 미래를 읽지 못한다.

자신의 재주만 믿다가
깊은 수렁에 빠질 수 있고
재주가 뛰어나다고 하더라도
적재적소에 사용하지 못한다.

재주만으로 성공하는 건
하늘의 별을 따는 것만큼이나 어렵다.
자신의 분야에서 최고가 되려면
먼저 안목을 키워라.

가면과 본색

인재를 쓰려면 그에 맞는
연봉을 줘야 한다

일전에 중소기업을 운영하는 대표가 찾아와 시종 투덜거렸다.

"스승님, 일 잘하는 친구들을 뽑아놓으면 얼마 안 가서 다른 곳으로 가버리니 속상해 죽겠습니다."

그 말을 듣고 내가 껄껄 웃었다.

"당신 복이 그것밖에 안 되는 거야. 세상을 더 넓게 봐. 그건 그 직원이 당신 복이 아니거나 당신이 그 직원에게 복이 아니거나 둘 중 하나지. 그 직원이 꼭 필요한 사람이면 연봉을 올려줘서라도 붙잡으면 되지. 그게 아니라면 그냥 내버려두면 되고. 안 그래?"

적어도 기업을 운영하는 대표라면 자신의 회사가 어떤 질량의 일을 하고 있는가 먼저 파악해야 한다. 질량이 큰 일을 하는데도 그에 맞는 대가를 주지 않고 인재를 쓰려고 한다면 크게 잘못된 생각이다. 다시 말해서 기업의 질량을 먼저 분석한 뒤에 거기에 맞는 직원을 채용해야 한다는 말이다.

예를 들면, 단순히 물건을 파는 일에 석박사급 인재를 쓴다면 그 직원이나 기업에게 큰 손해이다. 일의 질량에 맞게 사람을 뽑아서 일을 시켜야 한다. 그러지 않고 무조건 우수한 인재만을 고집한다면 기업에 이로울 게 하나도 없다. 그런 인재는 얼마 안 가 더 많은 연봉을 주는 곳으로 이직하기 마련이다.

기업의 대표들이 이런 이치를 모르고 직원들의 이직이 잦다고 투덜대지만 매우 잘못된 생각이다. 자본주의 사회에서 자신에게 이익이 큰 쪽으로 가는 건 당연하다. 우수한 인재를 쓰고 싶다면 먼저 우수한 기업 환경을 만들면 된다.

기업만 그런 게 아니다. 국가도 일자리를 만들 때 국민의 질량에 맞는 일자리를 많이 조성해야 한다. 그런데 수치로만 늘어나는 일자리 정책을 펼치다 보니 턱없이 세금만 낭비하고 정작 안정된 일자리는 늘어나지 않고 있다. 최근 정부의 일자리 정책을 보면 아주 형편없다. 적어도 장관이라면 이 정도는 알아야 장관 자격이 있다.

일자리를 구하는 사람이라면 자신의 질량에 맞는 일을 찾아야 미래를 기대할 수 있다. 자신에게 맞지도 않는 일을 하는 건 자신은 물론이고 기업과 국가에도 큰 손해라는 생각을 해야 한다.

가면과 본색

남을 간섭하려면 먼저 힘을 갖춰라

그다지 능력도 없는 사람일수록
오지랖이 넓어서 남의 일에
쓸데없이 간섭하기를 좋아한다.

이런 사람은 적이 많고
주변에서도 인기가 없다.
남의 일에 간섭하기 전에
먼저 자신의 힘을 갖춰야 한다.

실력도 없이 간섭하면
잘난 체한 꼴이 되어
결국 자신이 매우 어려워진다.

권위는 스스로 지켜라

누구에게나 자기 자리가 있다. 학교에는 선생님의 자리가 있고 기업에는 사장의 자리가 있고 나라에는 대통령의 자리가 있다. 당연히 앉아 있어야 할 자리에 딴 사람이 앉아 있게 되면 사회가 혼란스러워진다.

학교에서 선생님이 자신의 자리를 회피하거나 기업에서 사장이 자리에서 물러나거나 대통령이 자신이 해야 할 일을 제대로 못한다면 무주공산이 될 수밖에 없다.

우리 사회가 갈수록 극단으로 치닫고 있는 것은 자신이 마땅히 있어야 할 자리에 있지 않거나 누군가가 그 자리를 노력도 없이 탐하기 때문이다.

일전에 중소기업을 운영하는 사장이 직원들과 어울려서 족구를 하는 걸 본 적이 있다. 물론 노사 간 화합의 측면에서 보면 매우 바람직한 광경임은 틀림없다. 그러나 나로선 절대 반대다.

가면과 본색

사장은 기업의 운명을 좌지우지하는 중추적인 인물이다. 그런 사장이 직원들과 함께 어울려서 족구를 하는 건 좋지 못한 행동이다. 회사가 잘되려면 윗사람이 굳건하게 자신의 자리를 지켜야 오합지졸이 안 된다. 그런 사장이라면 직원들이 싫어하지 않는다.

사장은 사장으로서 해야 할 일이 있다. 직원들이 잘 화합하도록 지원만 잘 해주면 된다. 직원들도 사장이 함께 어울리지 않는다고 해서 권위적으로 보아서는 안 된다. 직원들과 족구할 시간이 있으면 그 시간에 기업 운영에 도움이 될 만한 책을 읽거나 강의를 하나 더 듣는 것이 낫다. 이것이 바로 사장의 역할이다. 그래야 기업 환경이 좋아지고 직원들 연봉도 올라간다. 사장이 자신의 자리를 지키지 못하고 우왕좌왕하는 기업은 망하기 십상이다.

사람을 이끄는 일보다 힘든 것은 없다. 단 한 사람의 부하 직원을 위해 최선을 다하는 사람이 능력 있는 사장이다.

있는 그대로 환경을 받아들여라

살면서 자꾸 어려움에 빠지는 가장 큰 이유는

자신의 환경을 있는 그대로 받아들이지 못하고

자신에게 유리한 쪽으로만 골라서 선택하기 때문이다.

그렇게 되면 진짜 자신에게 필요한 것을 얻지 못한다.

살다 보면 손해도 보고 이익도 보기 마련이다.

자신에게 이익이 되는 것만 골라서 취하다 보면

나중에는 더 큰 것을 잃어버리게 된다.

가면과 본색

이상과 욕심을 착각하지 말라

사람들은 '이상(理想)'과 '욕심'을 두고 착각한다. '이상'은 '생각할 수 있는 범위 안에서 가장 완전하다고 여겨지는 상태'를 말하는데, 즉 자신이 할 수 없는 일은 배제하고 자신이 할 수 있는 것을 향해 나아가는 걸 뜻한다. '욕심'은 자신이 할 수 없는 것을 억지로 취하는 것으로서 '이상'과는 근본적으로 차이점이 있다.

예를 들어보면 열심히 일해서 돈을 모아 집을 사겠다는 꿈은 '욕심'이 아닌 '이상'이다. 그런데 일도 하지 않고 집을 사겠다는 꿈은 '욕심'에 지나지 않는다.

당신은 '이상'을 추구하고 있는가, '욕심'만 가지고 있는가?

찾으면 안 보이고
찾지 않으면 보인다

돈이 길에 떨어져 있어도

보이는 사람에게만 보이고

찾는 사람에게는 보이지 않는다.

산삼도 찾지 않는 사람에게는 보이고

찾는 사람에게는 보이지 않는다.

대자연의 이치가 그렇다.

그렇다면 어떤 사람에게 복이 올까?

평소에 공덕을 많이 쌓아두면

오지 말라고 해도 복이 굴러들어온다.

전생과 현생에 덕을 쌓지 않은 사람은

설령 자신도 모르게 재물이 들어왔다고 해도

제대로 쓰지 못하면

공짜로 굴러들어온 재물보다
더 많은 재물이 나간다는 걸 명심하라.

복권에 당첨된 사람이
나중에 나락으로 떨어지는 것처럼
공부가 덜 된 사람은
천금이 생긴다고 해도
결국에는 빈 깡통이 된다는 걸 잊지 말라.

지금 우리 사회는
심각한 모순에 직면하고 있다

21세기에 들어서서 과학과 의학 등에서 눈부신 발전을 거듭했지만 최근 무서운 속도로 퍼지고 있는 코로나바이러스의 등장으로 지구촌이 큰 혼란에 빠져 있다.

그동안 인류는 자연에서 발생한 질병을 퇴치하기 위해 그때마다 연구를 거듭, 백신과 치료제 등을 개발하여 전염병들을 퇴치했다.

그런데 최근, 인간의 생명을 위협하는 변종 코로나바이러스가 나타나 전 세계를 공포의 도가니 속으로 몰아넣고 있다. 그동안 인류가 눈부신 의학의 발전을 이뤄왔지만, 자연은 인간의 노력을 비웃듯이 또 다른 바이러스를 만들어내었던 것이다. 의학이 발전할수록 자연은 더 강한 변종 바이러스를 만들어내는 모순을 우리는 지금 경험하고 있다. 어쩌면 인류의 발전이 만들어낸 하나의 모순인지도 모른다.

가면과 본색

옛날 아마존 원주민들에게는 간염이라는 병 자체가 없었다. 자연을 개발할 목적으로 아마존에 들어간 백인들을 통해 전파된 간염 바이러스가 수많은 원주민들의 목숨을 빼앗았다. 원주민들은 병의 원인도 모른 채 그대로 죽어갔다. 인간이 백신을 만들면 자연은 그보다 더 강한 바이러스를 만들어낸다. 자연을 파괴한 대가를 스스로 치르고 있는 것이다. 이것이 바로 인간이 발전시킨 의학의 모순점이 아니겠는가?

지금 인류는 자연과의 마지막 전쟁을 하고 있으나 자연의 저항 또한 만만치 않다. 어쩌면 우리는 자연이 만든 이 역병으로 인해 그동안 누려왔던 편리함을 잃게 될지도 모른다. 이것은 자연을 무분별하게 훼손함으로써 생긴 '예견된 모순'이라 할 수 있다.

이제는 우리 지식인들이 모순들을 하나하나 해결해나가야 할 때이다. 불만이 커질수록 사회의 모순은 더 커질 수밖에 없다. 그리고 행복은 불만을 해결한다고 오는 것이 아니라 모순을 찾아서 해결해야 한다. 이를 제대로 하지 못한다면 우리 인류는 바이러스보다도 더 큰 위협에 직면할 수밖에 없다.

지금은 우리 지식인들이 자성을 통해서 인류가 가진 모순을 극복해야 할 때이다. 그런데 어떤가? 지식인들이 하라는 연구는 하지 않고 자신의 이익과 안위에만 눈을 돌리고 있다. 심지어 사회가 자신들에게 조금이라도 불이익을 주면 그에 대한 불만을 터트리며 권력자들을 부추기고 있다. 이로 인해 모순이 모순을 낳고, 갈등이 갈등을 낳고 있다. 지금 우리에게는 강력한 리더십을 가진 지식인과 정치인이 필요하다.

지금까지 인류에게는 행복이 도래하지 않았다. 왜냐하면, 대자연의 3:7 법칙에 의하면 30%를 지나서 70%에 와 있기 때문이다.

지금은 인류에게 즐거움도 기쁨도 없는 때로서 이러한 과정을 뛰어넘어야만 마침내 완전한 행복을 기대할 수 있다. 하지만 코로나바이러스 같은 변종 전염병이 계속 생겨나는 한 행복과는 거리가 멀 수밖에 없다. 인류가 등장한 이후 즐거움을 맛본 사람이 아직 단 한 명도 없었다고 내가 말하는 것도 이 때문이다. 즐거움을 느껴보지 못한 사람은 기쁨을 알 수 없고, 기쁨을 알지 못하는 사람은 행복을 맛볼 수 없다.

결국 우리 인류는 스스로 만든 모순을 깨뜨리지 않고서는 완전한 행복을 구할 수 없다. 혹자는 "내가 누리고 있는 즐거움이 모두에게 전이되었으면 좋겠다."고 말한다. 즐거움은 전이되지만 그것이 곧 행복이 될 수는 없다. 인류가 지금껏 살면서 즐거웠던 일은 단 한 번도 일어나지 않았다. 그저 모두가 재미있게 산 것뿐이다. 지금 살면서 일어나는 건 재미있는 것이지 아직까지 진정한 행복은 일어나지 않았다는 뜻이다.

좋고 재미있는 것과 즐겁다는 것은 애초부터 그 차원이 다르다. 재미는 일어났다가 말다가 하지만 행복은 그렇지 않다. 오늘 즐거운 일이 있으면 내일 기쁨이 있고, 기쁨이 있으면 이것이 곧 행복으로 가는 지름길이다. 좋다가 말다가 하는 건 행복이 아니라는 얘기이다.

지금까지 우리는 좋은 것을 두고 행복이라고 착각했다. 그러다 보니 좋은 것에 대한 욕심과 집착을 버리지 못하고 온갖 모순 속에서 살아왔다. 행복은 재미있고 좋은 것이 아니라 마음에 영원한 안식을 얻는 것이다. 우리 인류가 영원한 행복을 얻으려면 먼저 자연을 가슴으로 품어 안아야 한다.

통찰하라

대자연은 인연법을
수시로 가르쳐주고 있지만
어리석은 사람들은
그걸 모르고 살아간다.
더구나 실력이 없어
질량이 낮은 사람은
자신에게 다가온 천재일우의 기회를
남에게 다 빼앗기고 있다.
그러므로 사람은 질량을 키우는 공부를
끊임없이 해야 한다.

지식인이 욕심내면 무식해진다

지식인이 재물에 대한 욕심,
명예에 대한 욕심,
권력에 대한 욕심이 앞서면
판단력이 떨어져서
자신이 가야 할 길을
제대로 가지 못한다.

아무리 지식이 많다 하더라도
자신의 욕망에 갇혀
올곧게 쓰지 못한다면
일자 무식꾼과 같다.

흥망은 자신의 갖춤에 달렸다

흥하고 망하는 건
사회나 남의 탓이 아니라
오직 자신의 손에 달렸다.

흥하는 것도 자신의 노력에 따른 결과요,
망하는 것도 자신 탓이다.
망한 뒤에 누구를 원망한다고 해도
아무 소용없다.

나의 흥망성쇠(興亡盛衰)는
내가 무엇을 알고
어떤 것을 갖추고 있는가에 달렸다.

생활이 어려운 자는
남을 도울 수 없다

가난한 이나 곤궁에 빠진 이는

절대로 남을 도울 수 없다.

제 코가 석 자인데

어떻게 남을 도울 수 있겠는가?

생활이 어려운 이가 남을 도우면

힘든 기운을 주는 것이 되어서

상대방을 더욱 어렵게 만든다.

그런 이의 도움은 받지 말라.

당신이 더 어려워질 수 있다.

사회적 책임

세상에는 도덕적 책임과 사회적 책임이 있다. 전자는 개인이 스스로 한 행위에 대해서 자타로부터 도덕성의 제제를 받아들이는 걸 말하고, 후자는 집단이기주의로 인해 개인이 불이익을 당할 때 사회가 책임지는 것을 말한다.

개인이 저지른 행위는 도덕적으로 책임을 져야 마땅하지만 개인이 책임을 지지 못할 때 사회가 책임을 질 수밖에 없다는 것이 현대사회의 모순이다. 그걸 잘 지적한 이야기가 있다.

미국의 한 노인이 배가 고파서 빵을 훔치다 법정에 섰다.

판사가 노인에게 물었다.

"당신은 왜 빵을 훔쳤나요?"

노인이 눈물을 흘리면서 말했다.

"판사님, 3일 동안 아무것도 먹지 못해 너무 배가 고파서 빵을 훔쳤습니다. 잘못했습니다."

판사는 방청석을 둘러보고는 눈을 지그시 감았다가 노인에게 절도죄로 10달러의 벌금형을 내렸다. 빵을 훔친 것은 명백한 도둑질이기 때문에 무죄를 선고할 수는 없었다.

당시 10달러는 매우 큰돈이었다. 배가 고파서 빵 한 개를 훔쳐 먹었는데 그 죗값치고는 너무 큰돈이었다. 노인에게 돈이 있을 리 만무했고 벌금 대신 형을 살아야 했다.

그 순간 법정에 있던 방청객들이 술렁거렸다. 가엾은 노인에게 10달러 벌금은 너무 가혹하다는 동정론이 일기 시작했다.

그때 갑자기 판사가 자리에서 일어나더니 지갑에서 10달러를 꺼내고선 천천히 말을 이어나갔다.

"벌금은 대신 내드리겠습니다. 저는 그동안 좋은 옷을 입고 맛있는 음식을 많이 먹었어요. 배고픈 노인에게 속죄하는 마음으로 내드리지요."

잠시 법정이 숙연해졌고 판사는 손에 든 모자를 방청객들에게 내밀었다.

"노인은 여러분과 같은 마을에 살고 있습니다. 가엾게 여기신다면 노인을 위해 성금을 내주십시오. 노인이 법정을 나가면 또다시 빵을 훔치게 될 것입니다."

그러자 방청객들이 돈을 모자에 담기 시작했다.

이 판결은 미국 전역에 알려졌고 그 후 라구아디아 판사는 뉴욕 시장을 세 번이나 연임했다. 시민들은 자비로운 판결을 내린 그를 기리기 위해 뉴욕의 공항 이름을 '라구아디아'로 지었다.

만약 판사가 지혜로운 판결을 내리지 못했다면 노인은 배고픔의 고통 속에서 영영 절도범으로 낙인찍혔을 것이다.

이처럼 판사는 현명한 판결을 내릴 의무가 있다. 그가 적절한 판결을 내린 것은 지혜의 소유자였기 때문이다. 여기서 생각나는 유명한 말이 있다. '죄는 미워해도 사람은 미워하지 말라.'이다.

라구아디아 판사의 위대한 판결은 많은 사람들에게 자비가 무엇인지 일깨워주고 작은 나눔이라는 지혜를 모으게 했다. 현명한 판결로 사람들에게 진정한 삶의 의미를 가르쳐준 것이다.

이기주의가 팽배한 세상에 사람들의 측은지심을 이끌어낸 그의 현명한 판결이 많은 것을 생각하게 한다.

가면과 본색

갑과 을의 정의

갑과 을은 상하관계가 아니라

공생관계일 때 서로 발전할 수 있다.

여기에는 전제가 필요하다.

갑은 항상 을에게 원하는 것이 있을 때

요구나 강요를 해서는 안 된다.

요구할 것이 있을 때는

합당하게 설명한 뒤

을이 수긍하도록 해야 한다.

그러지 않고 무조건 강요만 한다면

서로 충돌할 수밖에 없다.

갑과 을은 언제든지 입장이 바뀔 수 있다.

예를 들면 부모와 자식 관계이다.

부모가 자식을 키우고 공부시킬 땐 갑이지만

늙어서 자식에게 용돈을 받아 쓰면 을이 된다.

직원이 열심히 일해 회사를 발전시켰다면

갑은 회사가 아니라 직원이다.

여기에서 갑을은 상하관계가 아니라 공생관계이다.

국민이 열심히 일해서 GDP를 올렸다면

국민이 갑이고 국가가 을이다.

이 점을 정치인들은 분명히 알아야 한다.

항상 갑이 될 수 없고 을이 될 수 없기 때문에

갑을은 언제나 서로 존중해야 한다.

이 사회에서 갑과 을의 다툼이

계속해서 일어나는 이유는 갑을의 관계를

모두가 잘못 이해하고 있기 때문이다.

갑과 을은 공생관계이다

우리가 사는 세상에는

반드시 갑을관계가 존재한다.

그런데 갑을관계는

대자연이 운용하는 에너지의 법칙에 의해

수시로 변화하고 있음을 알아야 한다.

갑을은 계급관계가 아니라

갑이 잘되어야 을도 잘되고

을이 잘되어야 갑도 잘되는 공생관계이다.

이 사회가 자꾸 분열로만 치닫는 건

갑을이 서로의 주장만을 내세우고 있기 때문이다.

사회가 잘되려면 갑을이 화합해야 하는데

서로의 주장만을 내세우거나 헐뜯기 때문에

정치, 사회, 문화 전반에 걸쳐서

점점 나락으로 떨어지고 있는 것이다.
갑과 을은 에너지의 법칙에 따라서
항상 뒤바뀔 수 있다는 걸 알고
갑은 을의 입장에서 생각하고
을은 갑의 입장을 고려한다면
훨씬 더 나은 사회가 될 것이다.

모순은 불만을 양산한다

　요즘 국민들이 국가 정책에 관해 불만이 아주 많다. 부동산을 안정시키기 위해 내놓은 정책들은 오히려 집값과 전세가만 더 올려놓았고 일자리를 늘리기 위해 막대한 공적자금을 투입했지만 늘어난 것은 공공기관 등의 일시적인 일자리뿐이다. 세계적으로 유행하고 있는 코로나바이러스 때문이기도 하지만 경제정책 등에서 자충수만 두고 있다.

　물론 잘못된 정책을 시행할 수도 있지만 정책이 잘못되었으면 이를 빨리 시정해야 하는데 그걸 인정하지 않고 뭉그적거리다가 실기하고 있다는 것이 더 큰 문제이다. 현 정부가 코로나바이러스 방역에만 매달릴 것이 아니라 경제와 민생에 더 심혈을 기울여야 한다는 것이다.

　지금 한국 사회의 가장 큰 문제는 네 편과 내 편으로 갈라진 민심 분열이다. 정치적인 문제를 두고 민감하게 대립하다 보니 정치권은 경제에 신경을 쓸 여력조차 없는 것 같다. 사회가 이 지경이 된 데에는 여야 할 것 없이 정치인들이 권력에만 집착하기 때문이다. 국가는 행정과 법을 균형 있게 집행해야 하는데 자기 진영 논리만 앞세우다 보니 큰 갈등이 빚어지고 있는 것이다.

국민들이 잘못된 정책에 대한 모순을 지적하면 원인을 잘 파악해서 빨리 수정하면 되는데 오히려 방귀 뀐 놈이 화를 내듯 정치권이 불만부터 발산한다. 이것은 정치인의 올바른 자세가 아니다. 국민의 불만이 어디에 있으며 그 원인이 무엇인지 잘 살펴서 정책의 모순을 빨리 찾아내어 대안을 찾아내는 것이 훌륭한 정치인이다.

불만은 오직 불만만을 양산하기 때문에 나라가 엉뚱한 곳으로 흘러갈 수밖에 없다. 그렇다고 당장 눈앞의 불만을 덮기 위한 일시적인 정책은 모순과 의혹만을 증폭시킬 뿐이다. 사회의 모순을 바로잡아야만 국민들의 불만이 사라진다는 걸 우리 정치인들은 반드시 명심해야 한다.

불만만 터뜨려선
모순이 해결되지 않는다

성장 일변도의 사회는 항상 모순을 지니고 있기 마련이다.

지식인은 모순을 바로잡기 위해 연구해야 하는데

오히려 불만만 터뜨리다 보니 사회의 모순은

마치 뫼비우스의 띠처럼 해소될 기미가 보이지 않는다.

지금 우리 사회에서 가장 절실한 것은

정치, 종교, 문화 전반에 걸쳐 있는 모순을

해소할 수 있는 근본적인 대책이다.

이 점을 오늘날 지식인들은 깊이 반성해야 한다.

한국인이 가지고 있는 약점

한국인의 약점은 자기는 잘하지 못하면서 남의 일에 쓸데없이 간섭하거나 남이 잘되는 꼴을 못 보는 것이다. 이런 유형은 대개 앞에서는 칭찬하고 뒤에서는 험담하며 다른 사람을 깎아내린다.

도대체 한국인이 이런 습성을 가지고 있는 이유는 뭘까? 경쟁심리가 너무 지나쳐서일까? 그보다는 어릴 때 인성공부가 제대로 되어 있지 않거나 이기심이 많아서이다.

남을 헐뜯고 비난하면 나쁜 기운이 몸속에 들어와서 몸에 좋지 않다. 이것은 악업을 짓는 행위이므로 시간이 지날수록 자신에게 좋지 않은 일이나 힘든 일만 생긴다.

가정과 국가

부모가 행복하지 않으면
자식도 행복해질 수 없다.
부모와 자식의 생각이 다르면
그 가정은 불행해질 수밖에 없다.

국민이 행복하지 않은 나라는
지도자도 행복해질 수 없다.
국민과 지도자의 생각이 반대로 가면
그 나라는 발전할 수 없다.

정치인은 사심으로 일하면 안 된다

우리나라 정치인들은
사리사욕에 아주 밝은 것 같다.
자기들은 집을 몇 채씩 가지고 있으면서
국민들에게는 굳이 내 집을
마련하지 않아도 된다고 말한다.

자유민주국가에서 우리나라만큼
시장을 통제하는 국가도 드물다.
시장경제는 시장의 논리에 맡겨라.
왜 쓸데없이 국가가 나서서
집값만 자꾸 올려놓는가?

국회의원은 법을 만드는 사람이다.

그런 자리에 있는 사람은

한쪽에 치우치지 않고 냉철해야 한다.

일을 하는 과정에

티끌만큼이라도 사심(私心)이

작용해서는 절대로 안 된다.

대통령의 자리

우리나라만큼 대통령이라는 자리가
힘든 나라도 없을 것 같다.
눈만 뜨면 야당이고 언론이고 국민이고
할 것 없이 사방에서 공격한다.
심장 약한 사람은 그 자리에서
오래 버티기도 힘들다.

하지만 본디 정치가 그런 것인데 어쩌랴!

대통령 자리가 힘든 건
자신과 다른 사람들까지도
품어 안아야 하기 때문이다.
이념이 달라도

종교가 달라도
모두 끌어안아야 한다.

한 나라의 대통령이라면 결코
편협한 시각을 가져선 안 된다.

어떤 사람이 국회의원이 되어야 하는가

국회의원 선거에 앞서 각 정당은 득표수에 따라서 할당되는 비례대표를 선정한다. 지난 21대 국회의원 선거에서 몇몇 정당이 30대 초반의 젊은이들을 비례대표 국회의원으로 만들었다.

그들을 보면 국회에서 제대로 된 입법 활동을 할 수 있을지 염려스럽다. 그들의 능력이 부족하다는 말이 아니라 기라성 같은 국회의원들 사이에서 소신을 제대로 펼칠 수 있을지 걱정스럽다는 얘기이다.

내가 생각하기에 국회의원의 연령대는 40~50대가 적당하다. 물론 젊은 국회의원이 초선에서 그치지 않고 계속 정치를 한다면 나라의 미래를 위해서 아주 좋을 것이다. 그런데 그들이 초선에 그치고 만다면 정당의 비례대표 선정은 20~30대 청년들의 표를 의식한 포퓰리즘이 되고 말 것이다.

국회의원이란 자리는 일부의 환심을 사기 위해 계산하고 흥정하는 자리가 아니다. 이런 말을 한다고 나를 비난할지도 모르지만 재야의 한 사람으로서 할 말은 해야 하지 않겠는가. 젊은 국회의원들이 자격이 안 된다는 말이 아니라 자신의 논리를 가지고 그것을 펼칠 만큼의 연륜이 아직은 부족하다는 뜻이다.

정부는 잘못한 정책은 빨리 시정하라

코로나바이러스 방역을 잘한다고 21대 총선에서 정부 여당이 압도적으로 승리했다. 그런데 요즘 부동산 정책과 관련하여 국민들의 원성이 자자하다.

정부의 정책이란 것이 어떤 것은 잘하고, 어떤 것은 잘못할 수도 있다. 언론과 국민이 정부의 잘못을 지적하는 것은 당연하다. 정부는 절대 국민과 싸워 이기려고 해선 안 된다. 국민의 뜻을 살펴서 잘한 일은 더 잘하려고 노력하고, 잘못된 일은 바로 시정하면 된다.

그런데 이상하게도 지금 정부는 잘못된 정책을 시정하는 것도 시간을 질질 끌다 실기하고 만다. 지나치게 우유부단하다. 시급함이 요구되는 정책은 하루빨리 시정하는 것이 진짜 국민을 위하는 정부다. 정부는 항상 깨어 있어야 한다.

누가 우리 국민에게 짐을 지웠는가

며칠 전 유튜브 강의를 하다가 나이 지극한 어떤 분에게 질문을 던졌다.

"지금 우리나라는 세계에서 가장 치욕적인 일을 겪고 있습니다. 선생님은 그게 어떤 일인지 알고 계십니까?"

그분은 고개를 갸웃하다가 이런 말을 했다.

"우리 국민들은 감염병 예방을 위해 마스크도 잘 쓰고 다니고, 사회규범도 잘 지키고 있는데요. 잘 모르겠습니다."

"그렇지요. 우리 국민들은 참 착합니다. 국가가 시키는 일이라면 IMF 때도 장롱 속의 금반지를 가지고 와서 달러를 샀지요. 세계적으로 이런 국민들 정말 보기 힘들어요. 더구나 전 세계가 코로나로 난리인데 국민들이 합심 단결하여 방역한 덕분에 선방하고 있습니다. 그런데 세계적으로 치욕적인 것이 딱 하나 있습니다. 그게 뭘까요?"

그분은 계속 모르겠다는 듯 고개를 가로저었다.

그 모습을 보며 나는 실망했다. 이렇게 국내 정세에 어두운가 하는 아쉬움이 들었다.

"바로 전직 대통령 두 분이 지금 감옥에 갇혀 있다는 것입니다."

그분과 청중들은 그제야 내 말을 이해했다.

"치욕도 이런 치욕이 어디 있겠습니까? 우리 국민이 직접 뽑았던 이 나라의 대통령이 그것도 두 명씩이나 차가운 감옥에 있으니 말입니다. 국민의 한 사람으로서 부끄럽지 않습니까?"

청중들은 내 말을 듣고 고개를 끄덕였다.

어쨌든 이 나라의 대통령까지 지냈던 사람들이 수십 년의 형을 받고 감옥에 있다는 사실 자체가 부끄럽다. 이는 나라에도 엄청난 손실임이 분명하다.

그런데 문제는 국민들이 너무 무감각하다는 것이다. 사람은 '망각의 동물'이라고 한다. 아무리 힘들고 어려운 일도 세월이 지나면 아슴한 기억이 되어 그리 심각하게 여기지 않는다. 하지만 우리에겐 지워야 할 역사가 있고 잊지 말아야 할 역사가 분명히 있다.

36년간의 일제 식민지배, 6·25전쟁, 4·19와 5·16, 광주민주화운동, IMF 등 역사의 격변기를 겪으면서도 경제 대국이 될 수 있었던 건 정치인들의 힘이 아니라 우리 국민들의 저력 덕분이다.

두 전직 대통령이 감옥에 있다는 건 정말 치욕이다. 물론 범죄를 저지르면 대통령도 용서받지 못하는 청렴한 국가라는 사실을 전 세계에 보여줌과 동시에 부정부패가 만연했던 어두운 과거를 사실 그대로 보여주고 있음은 틀림없다. 내가 왈가불가할 얘기는 아니지만 여기에는 정치적인 이유도 다분히 깔려 있다. 하지만 지금은 미래를 위해 화합해야 한다는 사실만은 분명하다.

지금 우리는 앞으로 나아가야만 한다. 과거에 집착하는 정책은 더 이상 발전을 기대할 수 없다. 두 전직 대통령이 지은 업은 스스로 안고 가야 할 문제이지만 우리 국민들도 전직 대통령의 짐을 함께 짊어지고 있다는 점을 정치권이 알고 있어야 한다.

너희가 사람이냐 짐승이냐?

요즘 살인이나 반인류적인 범죄를 저지른 인간에 관한 뉴스가 종종 흘러나온다. 그때마다 우리는 "인간도 아니다."라는 말을 한다. 여기에는 의미심장한 속뜻이 숨어 있는데 만약 인간이 아니라면 그는 뭔가? 개인가? 양인가? 소인가? 주인을 보면 개도 꼬리를 흔들고 소도 주인을 알아본다. 그렇다면 사람을 죽인 그는 외계인일까? 분명한 사실은 그들도 인간의 몸에서 태어난 사람인데 짐승보다도 못한 범죄를 저질렀다는 것이다.

사람을 뜻하는 '인(人)'자는 두 사람이 등을 맞대고 있는 형상이다. 서로가 의지하고 화합하면서 행복하게 함께 살아가라는 의미를 담고 있다. 그런데 어떤가? 지금 세상은 자신의 이익을 위해서는 언제든지 남을 희생시켜도 된다는 이기주의가 만연해 있다.

개인이 성장하고 발전하려면 어느 정도의 '개인주의'는 허용되어야 한다. 그런데 다들 '개인주의'와 '이기주의'를 혼동하고 있다. '개인주의'는 자신을 중심에 두고 자유와 권리를 누리지만 이웃과 사회와 국가에 폐를 끼치지는 않으므로 개인의 발전을 위해서는 필요하다. 그렇지만 '이기주의'는 근본적으로 다르다. 남이 어떻게 되든지 말든지 간에 오직 자기만 이익을 취하려고 한다. 오늘날 반인류적인 범죄가 빈번하게 일어나는 원인도 이기주의가 만연한 탓이다.

한번은 유튜브 강의를 하다가 어떤 청중에게 뜬금없이 물었다.

"당신은 사람인가 동물인가?"

그는 엉뚱한 질문에 놀란 기색이었다. 내가 자기를 무시한다는 표정이었다. 하지만 오해는 순식간에 풀렸다.

"사람입니다."

그렇다. 자신이 분명히 사람이라고 생각한다면 이제부터는 남을 위해서 살아야 한다는 걸 나는 강조하고 싶었다. 왜냐하면 사람은 태어날 때부터 하느님으로부터 남을 위해 살라는 명령을 받았기 때문이다. 사람이 이기적으로만 산다면 혈육도 모르는 짐승이나 다를 바 없다. 사람이라면 마땅히 사람을 위해 사는 것이 도리라는 말이다.

누구나 전생의 업을 가지고 태어난다. 업을 소멸시키려면 남을 위해 살아야 한다. 그런데 남을 위해 살라고 하니까 힘들고 어려운 사람에게 밥을 지어주고 옷을 입혀주고 장애인에게는 휠체어를 보급해주는 것인 줄 알지만 그것은 남을 도와주는 것일 뿐 정작 남을 위해 사는 것이 아니다. 진정으로 남을 돕는 행동은 그들을 위하는 한결같은 마음을 가지는 것이다.

요즘 NGO 단체들이 연예인들을 앞세워서 아프리카의 어려운 아이들을 돕자는 모금 캠페인을 펼치는 것을 TV에서 자주 본다. 이것은 그들을 돕는 것에 불과할 뿐이지 위하는 건 아니다. 그래봤자 그들은 힘든 삶에서 평생 벗어나지 못한다. 남을 위해 산다는 건 돈과 쌀을 주기보다는 사는 방법을 가르쳐주어서 그들이 하루 빨리 힘든 삶을 벗어날 수 있도록 인도해주는 것이다.

그러므로 남을 돕는다는 말보다는 남을 위해 산다고 말해야 한다. 남을 위해 산다는 것은 곧 자신을 위하는 길이기도 하다. 항상 이러한 마음으로 살면 분명히 큰 복을 얻는다.

지금부터라도 이기주의를 버려야 한다. 사업이 잘 안되거나 집안이 잘 안 풀리는 이유도 바로 이 때문이다. 장사를 할 때도 고객을 위해서 한다는 생각을 가지면 곧 자신의 이익이 된다. 이것이 올바른 사람의 길이다.

가면과 본색

상속세는 반드시 내야 한다

얼마 전 나이 지긋한 어떤 분이 나를 찾아와서 고민을 심각하게 털어놓은 적이 있다. 연세가 여든이었는데 가난한 집안에서 태어나 초등학교를 졸업하고 생활전선에 뛰어들어 갖은 고생 끝에 회사를 창업한 뒤 성공하여 많은 돈을 모았다고 했다.

자녀로는 결혼한 세 딸과 늦둥이 아들이 있는데 아들은 외국에서 공부하고 있다고 했다. 이제 기력이 많이 떨어져서 사위에게 회사를 물려주고 남은 재산은 정리하여 아들에게는 상가 건물을, 딸들에게는 재산을 증여하고 자신은 여생을 위해서 100억 원 정도를 가지고 있다고 했다. 물론 그 과정에서 상당한 액수의 세금을 납부했다고 덧붙였다.

문제는 자신이 가지고 있는 100억 원의 현금 때문에 마음고생이 무척 심하다는 것이다. 여생이 얼마 남지 않았고 사회에서 번 돈이니 마지막으로 좋은 일을 하고 싶어서 사회복지재단에 기부

하겠다고 아내에게 말했더니 그걸 못 참고 자식들에게 말해버린 것이다. 평소에는 전화조차 하지 않던 자식들이 그 사실을 알고 부터는 날마다 전화질을 해댄다며 괴로워했다. 심지어 돈을 기부 하면 영원히 인연을 끊겠다고 했다는 것이다.

나는 이 말을 듣고 대안을 제시했다. 지금 우리나라의 상속세 는 거의 50%에 달한다. 자녀들에게 100억 원을 상속하면 당연히 50억 원을 내야 한다.

그래서 내가 이렇게 말했다.

"어르신, 자녀들에게 이렇게 말씀하세요. 100억을 상속받으려 면 거기에 상응하는 상속세 50억을 먼저 달라고 요구하세요. 그 러면 포기할 겁니다."

"정말 그럴까요?"

"반드시 그럴 겁니다."

"100억을 주면 그 돈으로 내겠다고 하면요?"

"그때 이렇게 말하십시오. 지금껏 너희들을 믿지 못했는데 어 떻게 믿겠느냐? 아버지를 범법자로 만드려고 하느냐?"

50억은 엄청난 돈이어서 그 돈을 자식들이 마련해올 리가 없다. 얼마 후, 짐작대로 자식들이 100억을 물려주면 그 돈에서 50억을 상속세로 내겠다고 해서 일언지하에 거절했더니 잠잠해졌다고 한다.

얼마 후 그가 웃으면서 나를 다시 찾아왔다.

"스승님이 시킨 대로 했더니 전화가 뜸해졌습니다."

"그것 봐요. 자식들은 부모의 재산을 마치 자신의 것으로 여깁니다. 더구나 세금에는 관심조차 없어요. 그동안 부모들이 암암리에 편법을 써서 자식들에게 재산을 물려주는 경우가 많았지요. 특히 현금은 더 그렇습니다."

요즘 자식들은 눈앞의 이익 앞에서는 부모에게 관심조차 없다. 그러니 자식들에게 대우받으려면 죽을 때까지 부모가 재산을 움켜쥐고 있어야 한다. 참으로 슬픈 현실이다.

모든 것이 인성교육의 부재로 빚어진 현상이다. 부모를 잘 만난 덕분에 풍족하게 살아온 자식들은 어려움을 잘 모른다. 그러다 보니 힘든 사람들의 삶을 이해하지도 못한다. 이것이 오늘날 부유한 집안에서 자란 자식들의 모습이다.

자수성가한 부모일수록 자식에 대한 집착이 강하다는 통계가 있다. 자신들이 힘들게 살았기에 자식들만은 힘들지 않게 해야 한다는 이상한 논리를 가지고 있다. 그런다고 해서 자식들이 바르게 성장하지 않는다.

부모는 자식들을 대학까지만 공부시켜주면 그만이다. 나머지는 그들의 몫이다. 이것이 전제되지 않는 한 유산을 물려준들 오래가지 않을 것이다. 힘들게 돈을 벌어본 사람만이 돈의 소중함을 안다. 풍족하게 살아온 자식들이 돈의 소중함을 알기나 할까?

요즘 재산 문제로 부모와 자식 간에 연이 끊어지거나 심지어 부모에게 폭력을 행사하는 일이 비일비재하게 발생한다. 이런 것을 보면 자녀의 인성교육을 소홀히 해서는 안 된다.

'품 안에 있을 때 자식이지 품을 떠나면 자식이 아니다.'라는 말이 있다. 부모들이 홀로서기를 했듯이 자식들도 홀로 설 수 있도록 곁에서 약간의 지원만 해주면 된다. 그리고 나머지는 자식들이 스스로 하도록 해야 한다.

부모의 재산은 자식들의 것이 아니므로 유산을 물려받으려면 당연히 국가에 상속세를 내야 한다. 이젠 우리도 상속세에 대한 잘못된 인식을 뜯어고쳐야 한다. 그래야 부잣집 자식들도 삶에 대한 태도가 달라질 것이다.

정치는 건달이 한다

정치는 아무나 할 수 없다.

그럼 누가 해야 할까?

원래 정치는 건달이 하는 것이다.

옛날 김두한도 건달이었지만

두 번이나 국회의원을 지냈다.

건달이라고 하니

나쁘게만 생각하는데

내가 말하는 건달은

건들건들하는 자다.

왜 그런 인물이 정치를 해야 할까?

이쪽 말도 들을 줄 알아야 하고

저쪽 말도 들을 줄 알아야만
실질적인 정책을 펼칠 수 있기 때문이다.

정치판은 암투가 끊이지 않아서
강하면 부러지기 쉽다.
그래서 고집불통이 대통령이나
국회의원, 시장이 되면 안 되고
오히려 건달이 낫다는 것이다.

청문회 유감

우리나라는 장관급 인사를 발탁할 때 청문회에서 반드시 인물 검증을 거친다. 그러다 보니 대통령은 머리를 싸매고 인물을 찾지만 그게 쉽지 않다.

야당은 대놓고 낙마(落馬)에 초점을 맞춘다. 후보자의 자질이나 능력은 아예 제쳐놓고 후보자 본인은 물론이고 사돈의 팔촌까지 털어서 위법한 것이 없는지 속속들이 캐낸다. 그야말로 한 개인의 사생활까지 모조리 발가벗긴다.

이런 상황이니 장관 한번 되려다 평생 쌓아온 명성과 업적이 하루아침에 나락으로 떨어지기도 한다. 사실, 털어서 먼지 안 나는 사람은 없다. 과연 이게 옳은 청문회일까? 이래서야 능력 있는 인물이 발탁될 수 있겠는가?

설령 청문회를 통과한다 할지라도 사생활과 가족 문제까지 온 국민 앞에 다 까발려진 마당에 제대로 된 정책을 펼치기도 힘들

다. 아무리 생각해도 우리나라의 청문회 제도는 문제가 있다. 이
참에 인사청문회 방식을 좀 바꿔보면 어떨까?

우리나라 속담에 속지 말라

지금부터 재미있는 이야기를 하나 들려줄까 한다. 옛날부터 전해오는 우리나라 속담들을 살펴보면 희한하게도 좋은 내용은 없고 한결같이 힘들고 안 좋은 내용이 너무 많다. 대개 속담은 민족성하고도 깊은 연관이 있는데 나이 드신 분들은 자식들에게 꼭 속담을 갖다 붙여서 말한다.

그중에서도 '가지 많은 나무에 바람 잘 날이 없다'는 것과 '열 손가락 깨물면 아프지 않은 손가락이 없다'는 것을 예를 들어보자. 이 속담은 한국전쟁 후인 1953년부터 1963년까지 베이비붐 시대에 특히 유행했다. 전쟁 후라서 힘들고 어려운 시기였지만 부모들은 자식을 많이 낳았다.

부모의 마음은 자식들이 모두 잘 자라기를 바라지만 개중에는 몸이 아프거나 장애를 가진 자식들이 간혹 있었다. 그 당시 우리 부모들은 자식들을 먹여 살리기 위해서 뼈 빠지게 일했으나 하루 벌어 하루 먹기도 힘들었다. 게다가 당시만 해도 결핵과 장티푸스, 콜레라 같은 전염병이 많이 유행하여 자식을 일찍 떠나보내는 일도 많았다. 그럴 때마다 부모는 가슴이 미어지는 슬픔을 경험해야 했다. 그런 이유로 백일이나 돌잔치가 집안의 중요한 잔치가 되었다.

불과 50여 년 전 우리 부모님들이 겪었던 일들이다. 그런데 요즘 사람들에게 호랑이 담배 필 적의 이야기를 한다면 이해할까? 이런 소리를 자식들에게 했다가는 오히려 핀잔을 듣기 쉽다.

자식을 낳았으면 잘 키우는 것도 부모의 몫이다. 그러지 못하면 자식들이 "이렇게 키울 거면 뭐하러 낳았어?" 하고 달려들 수도 있다. 이런 소리를 들으면 억장이 무너지겠지만 그러나 어쩌랴. 이것도 자신의 복이다. 그러니 자식도 자신의 질량에 맞게 낳아서 잘 길러야 한다.

그런 점에서 보면 '가지 많은 나무에 바람 잘 날 없다' '열 손가락 깨물면 아프지 않은 손가락이 없다'라는 속담은 지금 시대에는 어울리지 않으므로 이제는 사라져야 한다. 또 옛말에 '집안이 잘 되려면 맏이가 잘되어야 하고 맏며느리가 잘 들어와야 한다'고 했다. 사실 이 말도 장롱 속으로 들어가야 할 속담이다.

물론 우리 부모들이 맏이에게 특히 애착을 가졌던 것은 사실이다. 하지만 요즘은 자식을 한두 명만 낳다 보니 애지중지하면서 키운다. 그에 비해 옛날 우리 부모들은 맏이를 더 챙기고 아래로 내려갈수록 신경을 덜 썼다.

대개 맏이는 성격이 우직하고 입이 무겁고 부모의 마음을 잘 이해한다. 반면에 막내는 귀여운 행동을 많이 하고 애교도 넘친다. 막내가 이런 행동을 하는 이유는 맏이에게만 애착을 쏟는 부모에게 자기에게도 관심을 가져달라고 아양을 떠는 것이다. 말하자면 부모가 자식들을 키울 때 은연중에 그런 에너지를 주었기 때문이다.

부모들도 막내에게는 사랑을 아낌없이 준다. 맏이에게 사랑을 못 주니까 막내에게로 내려가는 것뿐이다. 사람들은 이것을 두고 '내리 사랑'이라고 한다. 그러나 이것은 사랑이 아니다. 진짜 사랑은 맏이에게 가지는 애착이다. 명심해야 할 건 재롱을 많이 피우는 자식일수록 부모에 대한 반감 또한 크다는 사실이다. 그래서 골고루 사랑을 주어야 한다. 그러지 않으면 어느 순간 동생이 "형에게만 해줬지 나에게 해준 게 뭐 있어요?" 하고 달려든다.

과거에는 이런 일들이 비일비재했다. 부모들이 오죽 어려웠으면 맏이에게 모든 것을 쏟아부었겠는가 싶다. 이런 소리를 자식들에게 들으면 부모는 한마디도 할 수 없다. 참으로 가슴 아팠던 시절이다.

특히 우리 부모들은 맏이에게는 쓴소리를 아끼고 오히려 눈치를 보는 경향이 많았다. 맏이에 대한 기대가 중압감으로 작용한데다 맏이가 잘돼야 동생들도 잘된다는 생각이 있었기 때문이다. 실제로 그 시절에는 형이 성공해서 동생들을 공부시키는 일이 많았다. 그래서인지 형제간의 우애가 깊었다. 하지만 요즘은 형제간의 우애마저 사라지고 있다.

이젠 우리나라 부모들도 자식에 대한 생각을 바꿀 때가 되었다. 자식도 좋지만 지금 내 곁에 있는 배우자가 더 소중하다는 것을 깨달아야 한다.

아들이 결혼하면 내 자식이 아니라 며느리의 남편이자 사돈댁의 아들이 된다. 그런데 부모가 그걸 알지 못하고 자식이 결혼하면 어떻게 사는지 궁금하고 안달이 나서 하루가 멀다 하고 전화를 해댄다.

어떤 부모는 맏이가 잘 상대해주지 않으니까 막내에게 잘해주려고 하는데 막내도 나중에는 자기 마누라와 자식 챙기기도 바쁘다. 그러므로 자식 사랑은 어릴 때나 하는 것이지 대학을 졸업하고 나면 끝이니 자식에게 더 이상 애착을 가지지 말라.

가면과 본색

2장

개인의 가면

과거에 집착하지 말고
바꿀 수 있으면 바꿔라

지금껏 나는 과거에 집착하는 사람치고 잘되는 모습을 본 적이 없다. 왕년에 한가락 하지 않은 사람이 어디 있겠는가. 주변을 보면 지나간 것은 그냥 잊어야 하는데 과거에 지나치게 집착하는 사람이 너무 많다.

집안 경제가 나아지면 사람들이 제일 먼저 바꾸는 것이 있다. 그게 뭘까? 자동차를 바꾸고 집을 바꾸고 나중에는 부모로부터 물려받은 얼굴마저 바꾸려고 한다. 이게 뭘까? 자신의 과거를 지우고 싶다는 뜻이다.

그런데 나는 무엇인가를 자꾸 바꾸려고 하는 그들의 열정을 나무라기는커녕 박수를 쳐주고 싶다. 사람이 발전하려면 과거의 낡은 관습을 버리거나 바꿔야 한다. 한곳에 집착하거나 머물러 있는 사람은 결코 성장하지 못한다.

얼굴을 바꾼다는 건 좋은 일이다. 돈이 있는데 자신의 얼굴을 예쁘게 한다는 걸 나무라는 것은 잘못이다. 그런데 얼굴만 바꾸면 되는데 마음까지 바꾸면 곤란하다.

하나의 예를 들어보자.

우리는 초등학교에서 글자를 국어책으로 배우지만 졸업하면 다시는 안 본다. 아니, 볼 필요조차 없다. 또한 중고등학교 때는 좋은 대학을 가기 위해 열심히 수학 공부를 한다. 그런데 사회에 나오면 그 어려운 수학이 아무짝에도 쓸모가 없다.

대학을 졸업하고 사회인이 되면 그 시절에 했던 공부를 다시 해야 할까? 아니다. 지나간 것은 놓아야 한다. 어릴 때 공부를 잘했다고 해서 사회에서 성공한다는 보장이 없다. 지금까지 배운 것은 사회생활의 밑거름이 되기 위한 과정이므로 깨끗이 잊고 이제는 사회 공부를 다시 시작해야 한다.

주변을 보면 왕년에 명문 대학을 졸업했다고 자랑하다가 정작 사회에서는 별 볼 일 없는 인간들이 많다. 이미 지나간 과거인데도 거기에 집착하는 것이 문제이다. 실제로 나는 그런 사람을 많이 만났다.

그중 한 사람은 1980년대 초반 S 대학 경제학과를 나와 유망한 증권회사에 취직했다. 당시만 해도 증권사와 은행은 직장 중에서도 대우가 최고여서 선망의 대상이었다. 10년이 지난 후 그는 증권회사 부장으로 승진했고 그의 주변에는 재력가들이 대부분이었다. 그는 그들의 주식을 관리하다가 IMF 때 주가가 폭락하자 알거지가 되고 말았다. 그런데 그 후가 더 큰 문제였다.

그는 아내와 이혼한 뒤 좀처럼 자신의 과거에서 벗어나지 못하고 매일 술에 의지했다. 다행히 지금은 선후배들의 도움으로 중소기업에서 일하고 있다. 지금도 그는 IMF를 초래한 김영삼 정부를 원망하고 있다.

누구나 인생을 사는 동안 수많은 폭풍과 파도를 경험한다. 세상이 물결처럼 잔잔한 것 같아도 결코 그렇지 않다. 때문에 우리는 항상 미래에 대한 준비를 철저히 해야 한다. 당신이 신이라면 미래를 대비하지 않아도 될 것이다. 그러나 당신은 신이 아니므로 미래를 예측할 수 없다. 그래서 자신의 미래를 위해 공부해야 한다는 것이다.

실력을 갖추고 있으면
좋은 인연이 온다

불교에선 옷깃만 스쳐도
오백생의 인연이 있다고 한다.
천생연분과 원수지간도
누가 만든 게 아니라
자신이 지은 인연의 결과이다.

나 자신도 부모라는 인연을 만나서
이 세상에 태어난 존재이므로
인연을 부정하는 것은
곧 자기 존재를 부정하는 것이나 다름없다.

귀담아듣고 반드시 새겨야 할 것이 있다.
자기가 원하는 좋은 인연을 만나려면

먼저 실력을 갖추고 기다려야 한다는 것이다.
인연법에는 절대로 공짜가 없다.
자신이 실력을 갖춰놓지 않으면
천재일우의 기회가 눈앞에 다가와도
그 인연을 내 것으로 만들지 못한다.

누군가와 인연을 맺는다는 건
서로에게 필요한 사람이 되었다는 뜻이다.
그 인연이 나를 알고 내가 그 인연을 알아서
서로 필요한 사람이 되었을 때
마침내 필연이 된다.

내가 해야 할 일과
남이 해야 할 일을 가려라

공부를 마친 사람은
자신이 해야 할 일인지
남이 해야 할 일인지
한순간에 알아차린다.

공부를 마쳤는데도
할 일을 미루고 있다든지
남이 해도 될 일을
자신이 하고 있다면
그는 아직도 공부 중인 것이다.

공부를 마친 사람은 땅에 떨어진
쓰레기를 치우려고 하면

누군가 먼저 달려와서 치워준다.
자신이 하지 않아도
남이 대신 해주기 때문에
더 큰일을 해야 한다.

공부를 마친 사람이
하지 않아도 될 일을 계속하면
좀처럼 자신의 위치에서
벗어나지 못한다.
이것이 공부 중인 사람과
공부를 마친 사람의 경계이다.

지금 당신은 누구인가?
공부를 하고 있는 사람인가,
공부를 마친 사람인가?

착하게 살기보다 바르게 살라

부모님과 선생님들은 자녀와 학생들에게 착하게 살라고 가르쳐왔다. 과연 이런 교육이 학생들의 성장에 도움이 될까? 전혀 안 된다. 물론 교육이 잘못되었다는 건 아니다. 겉으로는 착한 척하면서 뒤로는 온갖 악행을 저지르는 건 착한 교육으로 빚어진 허점이다.

이쯤에서 당신에게 묻고 싶다. 어떻게 사는 것이 착한 삶일까? 착함의 반대말은 악함이다. 따지고 보면 이 세상에 악한 사람은 0.1%도 안 되고 대부분은 착하게 살고 있다. 그렇지 않았으면 이 세상은 벌써 사라졌을 것이다. 그런데 착한 것만으로는 이 험난한 세상을 살아가기가 매우 힘들다.

착함은 타고난다. 만약 당신이 "착하게 살아야지" 한다면 이미 당신의 마음속에 악함도 들어 있다. 천성적으로 착한 사람은 그런 생각을 뛰어넘어 모든 행동에 착함이 배어 있다는 뜻이다.

자신의 가치관을 잘 세워서 거기에 맞게 자신을 이끄는 것이 바르게 사는 법이다. 그러므로 지금 시대에 가장 필요한 것은 인성교육이다. 오늘날의 교육은 착하게 사는 것보다는 바르게 사는 것에 중점을 두어야 한다. 따라서 부모님과 선생님들도 자녀와 학생들에게 바르게 사는 법을 먼저 가르쳐야 한다.

영혼을 살찌우는 공부를 하라

사회가 발전하고 윤택해질수록 육체적으로는 장애가 없는데 정신적으로 장애를 안고 있는 사람들이 많다. 육체적 장애는 의학으로 어느 정도 고칠 수 있지만, 한번 비뚤어진 정신적 장애는 여간해서 고치기가 힘들다.

여고에 근무하는 남선생이 자신이 근무하는 학교의 화장실에 몰래카메라를 설치한 일이나, 돈을 벌기 위해 아동 성착취 동영상을 유포한 사건처럼 비정상적인 사고는 일종의 정신적 장애이다. 이는 인간의 도리를 넘어서 도저히 용납할 수 없는 행위이다. 더 큰 문제는 반사회적 인간들이 날로 증가하고 있다는 것이다.

그렇다면 반사회적 인간이 나타나는 근본적인 원인은 무엇일까? 인격은 유소년기와 청소년기에 형성된다. 그런데 이때부터 부모들이 자녀에게 출세 지향적인 교육만을 시킨다. 그런 교육을 받은 자녀들은 자신의 이익을 위해서는 남이 어떻게 되든지 말든지 상관하지 않는다. 반사회적 인격으로 발전하게 된 원인이다.

속담에 '세 살 버릇 여든까지 간다'는 말이 있다. 허투루 새길 말이 아니다. 유소년기의 인성교육은 매우 중요하다. 어릴 때는 부모로부터, 청소년기에는 학교와 친구로부터, 그 이후에는 직장과 사회조직으로부터 영향을 받아 인격이 형성된다.

우리는 날마다 음식을 먹듯이 눈으로 보고 귀로 들은 정보를 섭취한다. 좋고 나쁜 것이 끊임없이 뇌를 자극한다. 우리 인체에서 가장 중요한 부위는 눈과 귀다. 눈은 항상 좋은 것만을 보아야 하고 귀는 항상 좋은 소리만을 들어야 한다. 그런데 잘못된 것만을 보고 잘못된 소리만을 듣게 되면 이것이 마음으로 전달되어 영혼을 탁하게 하고, 급기야 반사회적 인격으로 표출된다.

우리가 살기 위해 입으로 먹는 것은 물질 에너지이지만 눈과 귀를 통해서 보고 듣는 것은 비물질 에너지이다. 물질 에너지는 육신을 자라게 하지만 비물질 에너지는 정신을 성숙시킨다. 따라서 물질 에너지에 의해 몸이 자라면 그에 비례해 정신적으로도 성숙해야 하는데 부모들이 물질에 집착하게 하는 잘못된 교육을 시키고 있다.

정신적 성숙을 위해서는 비물질 에너지를 날마다 흡수해야 하고 이때 필요한 것이 인성교육이다. 행복하게 살려면 재물을 멀리해야 한다.

좋은 인성은 단기간에 형성되지 않는다. 매일 밥을 먹듯이 부모들은 자녀들의 인성을 변화시키기 위한 노력을 지속적으로 해야 한다. 이때 필요한 것이 지식이다. 꼭 책을 많이 읽는다고 해서 쌓이는 게 아니라 눈과 귀를 통해서도 얼마든지 가능하다. 눈과 귀를 열고 항상 공부하는 자세로 어른들의 말씀을 경청하는 것도 지식을 습득하는 과정이다.

자신의 생각과 다르다고 해서 상대방을 배척하지 않고 타인의 의견을 존중하는 것 등 사소한 예의를 배우는 것도 영어와 수학 문제 하나 잘 푸는 것보다 더 중요하다. 이것이 우리 사회를 살찌우는 비결이다.

부모들은 자녀를 위해서 더 이상 인성교육을 미루어서는 안 된다. 부모는 자녀들이 좋은 환경에서 살도록 해줄 의무가 있다. 지금 자녀들에게 필요한 것은 육신을 살찌우는 음식이 아니라 영혼을 살찌우는 양식임을 명심하라.

가면과 본색

자기 불만에 빠지지 말라

아무런 이유도 없이
불만이 쌓일 때가 있다.

불만이 있다는 건
자신의 생각과 다르게
세상이 흘러가기 때문이지만
자기 자신에게도 불만이 많다는 걸
스스로 인정하는 것이다.

훌륭한 지식인은 불만이 있어도
남을 이해하며 스스로 다스린다.
혹여 당신은 자신의 잣대로만
세상을 바라보고 있는 것은 아닌가?

자신의 잘못된 견해로 인해
불만이 가득한 것은 아닌지
한 번쯤 자신을 되돌아보라.

가면과 본색

남을 미워하는 것은

아무런 이유도 없이
남을 미워해서는 안 된다.

나보다 부자라고 해서
나보다 많이 배웠다고 해서
나보다 명예가 있다고 해서
나보다 잘났다고 해서
남을 미워한다는 건
오히려 나의 부족함을
남에게 보여주는 것이다.

들으면 내게 약이 되는 말

남이 내 마음에 상처를 주었거나
남이 내 잘못을 심하게 지적했거나
남이 내게 도를 넘는 말을 했거나
남이 내게 심한 욕을 했거나
남이 내게 독기 서린 말을 해도
내 것으로 잘 받아들이면 약이 된다.

남이 한 말을 마음에 오래 담아두거나
즉각 반발한다면 오히려
내가 깊은 상처를 입을 수도 있다.
무조건 참으라는 말이 아니다.
남이 왜 그런 말을 하는지 잘 살펴서
나를 점검한 뒤에 반론해도 늦지 않다.

나쁜 무리에는 속하지 말라

나쁜 무리에 속해 있는 건
탁한 공기와 탁한 물을 마시는 것과 같고
자신도 모르게 악한 이가 된다.

좋은 무리에 속해 있는 건
맑은 공기와 깨끗한 물을 마시는 것과 같고
자신도 모르게 선한 이가 된다.

누구나 나쁜 무리에서 3년을 보내면
돌이킬 수 없는 공범이 되지만
좋은 무리에서 맑은 물을 3년만 마시면
자신도 모르게 몸과 마음이 정화된다.

사람은 자신이 속한 곳에 따라

미래가 결정되므로

좋지 않은 무리라고 생각된다면

외롭더라도 그곳을 떠나라.

개인과 공인

당신이 생각하기에
당신은 개인인가, 공인(公人)인가?
만약 당신이 SNS를 하고
누군가의 글에 답글을 단다면
당신은 개인이 아니라 공인이다.

그렇다면 손가락과 입을
항상 조심해야 한다.
당신이 무심코 올린 한마디가
누군가를 절망에 빠트리거나
죽일 수도 있기 때문이다.

나이를 먹는다는 것

한 해 두 해 나이를 먹어가면서도
삶이 그다지 나아지지 않았다면
그동안 자신이 잘못 살았다는 증거이다.
연말연초가 되면 항상 자신을 돌아보아
잘못된 것은 고치고 잘한 것은
더 잘할 수 있도록 점검해야 한다.
무턱대고 가는 세월만 원망하는 건
누워서 침 뱉는 것과 다름없고
그런 사람은 추하게 늙어갈 뿐이다.

가면과 본색

인생의 가치란 무엇인가

"젊어서 고생은 사서도 한다."

이런 말을 어른들에게서 많이 들었을 것이다. 고생은 경험이 되어 더 나은 미래를 준비할 수 있다는 의미이다. 그러나 요즘 젊은이들에게 이런 말을 했다가는 도리어 역공을 당하기 쉽다.

"몰라도 한참 모르는 소리예요. 고생하지 않고 잘 살 수 있는 방법을 가르쳐줘야지, 씨알도 먹히지 않는 말씀은 아예 하지도 마세요."

한 살이라도 젊었을 때 인생을 의미 있게 꾸려가라는 어른들의 조언임에도 불구하고 요즘 청년들에게는 급변하는 시대에 적응하지 못하는 어른들의 얼토당토않은 소리로 들릴 수도 있다.

왜 그럴까? 청년들은 가난을 겪었던 기성세대와는 달리 별 어려움 없이 풍족하게 살아왔기 때문인데 그들에게 고생만을 강요하는 건 무리이다. 기성세대가 다양한 경험을 무기 삼아서 청년들에게 고생을 강요하는 것은 잘못이라는 얘기이다.

과거에 자신이 겪었던 고생을 자식에게 물려주지 않으려는 마음이 앞서다 보니 미묘한 갈등이 생길 수밖에 없다. 더구나 요즘처럼 취업이 어려운 시기에는 청년들이 충고를 받아들일 마음의 여유조차 없다. 그들에겐 '실패는 성공의 어머니'가 아니라 '실패는 실패이고 성공은 성공'일 것이다.

그렇다고 청년들의 생각을 무조건 받아주는 것도 안 된다. 다만, 그들이 잘 살아갈 수 있도록 올바른 가치관을 심어주는 것이 어른들의 몫이다.

그럼, 의미 있는 인생이란 어떤 것인지 예를 하나 들어보자.

미국의 한 대학 교수가 강의를 시작하기 전 갑자기 100달러짜리 지폐를 손에 들고 학생들에게 엉뚱한 질문을 던졌다.

"지금 내 손에 있는 100달러짜리 지폐를 가지고 싶은 학생은 얼른 손을 들어보세요."

느닷없는 교수의 말에 많은 학생들이 손을 들었다. 100달러면 큰돈이니 당연히 가지고 싶었을 것이다. 그런데 교수는 지폐를 마구 구긴 뒤 다시 손에 들고 학생들에게 물었다.

"그대들은 아직도 구겨진 이 지폐를 가지고 싶은가?"

학생들은 여전히 돈을 가지고 싶다고 손을 들었다.

이번에는 교수가 지폐를 바닥에 던지고 발로 짓이겨서 보여주었다.

"이래도 가지고 싶은가?"

여전히 많은 학생들이 지폐를 가지길 원했다.

그러자 교수가 말했다.

"진정으로 가치 있는 건 이 100달러짜리 지폐처럼 밟히고 구겨져도 변하지 않는다."

갑자기 강의실이 잠잠해졌다.

교수는 왜 지폐를 가지고 이상한 장난을 쳤을까? 그가 학생들에게 전하고자 한 가르침은 바로 100달러짜리 지폐처럼 구겨지고 짓밟혀도 가치가 있는 건 영원히 사라지지 않는다는 것이었다.

지금 우리는 코로나 시대를 살고 있다. 아무리 힘든 시기라고 할지라도 가치 있는 일을 하고 있으면 절대로 포기해서는 안 된다. 옛말에 금은 똥통에 빠져도 그 본질은 변하지 않는다고 했다. 자신의 미래를 위해서 열심히 노력한 가치는 시간이 흘러도 변하지 않는다는 걸 기억하라.

귀로 듣지 말고
마음으로 들어라

아무리 훌륭한 가르침도
1년을 듣고 10년을 들어도
마음으로 듣지 않으면
한갓 '쇠귀에 경 읽기'이다.
하나를 깨치면 둘을 알고
마침내 뼛속까지 깊어져야만
진정한 마음공부가 된다.
듣는 시늉만 하고
마음이 콩밭에 가 있는 사람은
공부를 완성할 수 없다.
공부가 깊어지려면
마음의 귀로 들어야 한다.
그래야만 영혼이 든다.

가면과 본색

스승을 만나라

우리가 살다 보면
오른쪽으로 가야 할지
왼쪽으로 가야 할지,
똑바로 가야 할지
돌아서 가야 할지,
인생의 좌표를 설정하지 못하고
우왕좌왕할 때가 많다.
그래서 우리에겐 바른길을 안내하고
이끌어줄 스승이 필요하다.
지금부터 그 스승을 찾아보라.

스승과 선생

사람이 성장하려면
스승과 선생을 잘 만나야 한다.

스승은 인생관을 세워주고
선생은 기술과 재주를 가르쳐
바른길로 안내해준다.
두 사람은 없어서는 안 될
삶의 나침반 같은 존재이지만
더 큰일을 하기 위해서는
선생보다는 스승을 잘 만나야 한다.

눈앞의 이익만을 좇아가면
자신의 성장에 도움이 될

스승을 미처 알아보지 못하고
놓칠 수도 있다.

당신은 선생을 원하는가?
아니면 평생 공부를 가르쳐줄
스승을 원하는가?

당신에게 꿈이란 무엇인가

　인간은 동력과 통신을 발명해 상상을 초월할 정도로 윤택하고 편리한 삶을 누리고 있다. 엔진의 발명으로 원하는 곳을 빨리 갈 수 있게 되었고, 전파의 발견으로 의사전달을 정확하게 할 수 있게 되었으며, 이로 인해 전 세계를 하나로 묶는 획기적인 결과를 낳았다.

　과학이 눈부시게 발전하게 된 첫 번째 이유는 무엇일까? 바로 인간의 꿈 덕분이다. 하늘을 날고 싶고, 지상을 빨리 달리고 싶고, 먼 곳에 있는 사람과 대화를 나누고 싶다는 인간의 꿈이 동력과 통신을 발명하게 했던 것이다. 만약 인간에게 꿈이 없었다면, 오늘날처럼 눈부신 과학의 발전을 이뤄내지 못했을 것이다.

　이처럼 사람은 꿈을 가져야 한다. 꿈은 자신의 미래에 대한 궁극적 목표를 뜻한다. 만약 꿈이 없다면 어떻게 될까? 빤한 얘기이지만 삶에 의욕이 없어서 마치 죽은 사람과도 같을 것이다. 우리는 이런 사람과는 인연을 맺어서는 안 된다.

그렇다면 당신은 어떤 꿈을 가지고 있는가? 어릴 때는 멋지니까, 돈을 많이 벌 수 있으니까, 명예가 높으니까 의사나 사업가, 대통령이 되고 싶어 한다. 꿈은 한계가 없으므로 누구든지 꿈을 가질 수 있다.

그러나 성장할수록 환경과 조건에 따라 꿈이 달라지거나 아예 포기하기도 한다. 그렇다고 해서 결코 실망하거나 좌절해서는 안 된다. 자신의 꿈을 완전하게 이룬 사람은 불과 1%도 되지 않는다. 중요한 것은 자신의 꿈을 이루기 위해 노력하는 열정이다.

그동안 나는 꿈과 목표가 없는 사람이 성공했다는 소리를 단 한 번도 들어본 적이 없다. 왜 그럴까? 그런 사람은 의지도 없고 노력조차 하지 않는다. 그러나 꿈이 있는 사람은 뭔가를 해도 깊이 생각하고 진취적으로 자신의 뜻을 펼쳐나간다. 물론, 꿈을 이루지 못해도 된다. 그것을 위해 노력하는 과정에서 얻은 경험이 나중에 소중한 자산이 될 수 있기 때문이다.

현실에 안주하지 말라. 삶이란 나아가는 것이다. 우리가 궁극적으로 세상을 살아가는 이유도 여기에 있다. 한생을 살면서 그냥 먹고 자고 의미 없이 보낼 것인가? 그건 사는 것이 아니다.

모든 꿈은 노력과 희생을 필요로 한다. 비록 실패했다고 하더라도 그 과정에서 무언가를 얻고 배웠다면 훨씬 더 가치 있고, 반드시 그 대가를 얻을 것이다.

누구든지 성공할 수 있고 실패할 수 있다. 실패했다고 좌절하지 말라. 자신의 꿈을 단 한 번에 이룬 사람은 아무도 없다. 성공한 사람들도 몇 번의 시행착오와 실패를 겪은 후에 비로소 꿈을 이루었다는 걸 명심하라.

남이 나를 미워한다고
그를 미워하지 말라

만약 누군가가

나를 미워한다면

그것은 나의 잘못을

바르게 일러주는 것이니

그를 탓하지 말고

달게 받아들여라.

그러지 못하고

그를 계속 원망한다면

자기 자신만 힘들어질 뿐이다.

좋은 인연을 맺는다는 것은

내가 가진 좋은 것을
남에게 아낌없이 줄 때
좋은 인연을 만날 수 있다.
욕심이 많아서
이기심으로 똘똘 뭉친 사람은
결코 좋은 인연을 만날 수 없다.
누군가와 인연을 맺는다는 건
서로가 필요한 것을
주고받을 수 있는 관계라는 뜻이다.
상대방에게 아무것도 해주지 않고
좋은 관계를 기대해서는 안 된다.

가면과 본색

겸손하라

재물과 명예와 지위가
내 것이 아님을 알고
온전히 내려놓을 때
인간은 비로소 겸손해진다.
그런데 아이러니하게도
가진 자가 겸손해지면
다른 사람의 마음을 끄는
힘이 더 생긴다.

세상은 점 하나로 이어져 있다

스티브 잡스(Steve Jobs)는 2005년 스탠퍼드 대학 졸업식 축사에서 이렇게 말했다.

"인생은 하나의 점을 연결하는 일이다."

이 말의 의미는 무엇일까? 여기에서 한 개의 점은 경험이고, 이것이 연결되어 자신을 성공으로 이끌었다는 뜻이다. 말하자면 개개인이 가지고 있는 독립된 생각들이 하나로 이어지면 뜻하지 않은 위대한 일이 일어난다는 걸 스티브 잡스는 알리고 싶었던 것이다.

그는 자신이 경험한 일 가운데 헛된 공부는 하나도 없었다고 말한다. 실패한 일도 있었지만 나중에 성공으로 이어지는 한 개의 점이 되었다는 걸 이렇게 표현했던 것이다. 말하자면 경험이라는 작은 점이 모여서 마침내 성공을 만들었다는 의미이다.

그는 대학 때 도서관에서 공부하다가 영어라는 문자가 아름다운 곡선과 직선으로 이뤄졌다는 사실에 착안, 아이폰 디자인에 응용하여 애플 신화의 주역이 되었다.

스티브 잡스의 말처럼 우주도 먼지 같은 무수한 점이 모여 이뤄졌고 모든 물질 또한 미세한 원자로 이루어져 있다.

우리 인생도 인연의 무수한 점으로 이어져 있고, 이것이 나중에 인연법으로 나타나는 것이다. 그런 까닭에 그 누구도 인연에 소홀해서는 안 된다. 이 세상에 소중하지 않은 인연은 없음을 알아야 한다.

사람에게는 자신만의 '기(氣)'가 있다. 남을 위해 일한다는 마음을 항상 가지면 즐겁고 돈도 저절로 생긴다. 말하자면 즐겁게 일하는 사람이 돈을 크게 벌 수 있다는 뜻이다.

주위를 돌아보라. 코로나로 인해 많은 사람들이 실직의 고통을 겪고 있다. 아침에 출근해서 일하고 있다는 사실만으로도 충분히 행복한 일이다. 게다가 자신의 일에 몰입할 수 있다면 만족한 삶이다.

몰입하지 않는 사람에게는 성공의 문은 열리지 않는다. 세계적인 베스트셀러 작가도 그렇고, 위대한 발명가도 그렇고, 유명한 화가도 그렇고, 사업가도 그렇다. 스티브 잡스도 자신의 일에 즐겁게 몰입했기 때문에 성공했다. 몰입하는 사람만이 한 분야에서 최고가 될 수 있다.

성공은 누구에게나 찾아오지 않는다. 자신의 일에 모든 것을 투자하여 몰입하는 사람만이 성공한다. 그들은 돈을 벌기 위해 일하는 게 아니라 자기 성취를 위해 몰입하다가 어느 날 갑자기 성공하게 된 것임을 알라. 스티브 잡스의 말처럼 경험과 노력이 하나의 점으로 연결되어서 나중에 성공이라는 과실이 맺힌다는 걸 명심해야 한다.

주변에 사람이 없는 까닭은

사람과 사람 사이에는
눈에 보이지 않는 원칙이 있다.
대개 사람은 자기중심적이어서
자기에게 이익이 되지 않으면
거리를 두기 마련이다.

누구든지 자신에게
이익이 된다고 생각하면
오지 말라고 해도 오고
가지 말라고 해도 간다.
그만큼 사람은 이기적이다.

그렇다고 그 사람을 원망하지 말라.

모든 것은 자신의 잘못이다.

누군가가 당신 곁을 떠났다면

당신이 도움이 되지 못했거나

실력을 갖추지 못했기 때문이다.

이러한 원리를 모르면

아무리 남을 붙잡으려 해도 소용없다.

먼저 내가 갖춰지면

저절로 많은 사람이 찾아온다.

좋은 말만 기대하지 말라

사람들은 좋은 말만 듣기를 원하지만
세상에 그런 일은 절대로 일어나지 않는다.

좋은 말만 듣다 보면 시기하는 자가 반드시 생기고
듣기 싫은 말은 듣다 보면 격려하는 이가 생긴다.

좋은 말은 더 열심히 하라는 뜻이고
듣기 싫은 말은 자신의 성장에 꼭 필요한 말이다.

인생의 성공과 실패는 듣기 좋은 말과 듣기 싫은 말을
어떻게 내 것으로 만드는가에 달려 있다.
좋고 나쁜 것은 이 세상에 하나도 없다.

기쁨과 행복을 착각하지 말라

집을 장만하거나 땅값이 뛰었을 때
승진하여 연봉이 올랐을 때
복권에 당첨되어 큰돈이 생겼을 때
사람들은 기쁘다고 표현한다.
그러나 상황이 변하면 그러한 것은
사라지기 때문에 영원하지 않다.

재물에 목말라 하는 사람은
재물이 말라버리면
그전의 기쁨보다 실망이
더 오래간다는 걸 알아야 한다.
물질로 얻은 기쁨은
오래가지 않기 때문에

가면과 본색

눈앞에서 일어나는 현상만을 보고
일희일비하는 것만큼 어리석은 일은 없다.
그러니 기쁨과 행복을 착각하지 말라.

고부간의 갈등을 해소하는 방법

지금은 아들 며느리가 시부모를 모시는 시대가 아니다. 옛날과 달리 시부모들도 아들 내외와 사는 걸 크게 원치 않는다. 만약 그런 시부모가 있다면 구시대적인 발상이다. 아들 부부가 행복하게 사는 것이 부모의 행복이다.

그런 점에서 여자가 '시집을 간다'는 말이나 남자가 '장가 간다'는 말에 대해 다시 생각해봐야 한다. '시집'은 여자가 시부모가 있는 집으로 들어간다는 뜻이고, '장가(丈家)'는 남자가 어른이 되어서 아내를 맞이한다는 뜻인데 이 속에는 다분히 가부장적인 의미가 담겨 있다. 지금 시대에는 '시집'과 '장가'라는 말은 합당하지 않고 성인이 된 남녀가 동등하게 만나서 가정을 꾸리는 것이므로 '결혼'이라는 말로 바뀌어야 한다.

요즘같이 살기 힘든 시대에 갓 결혼한 젊은 부부가 시부모까지 챙기기란 힘들다. 자신들의 미래에 더 많은 힘을 쏟도록 시부모는 그저 멀리서 지켜보는 것이 오히려 도와주는 것이다. 이것이 시부모가 가져야 할 태도이다.

그런데 문제는 제 엄마 말이라면 자다가도 벌떡 일어나는 마마보이가 꽤 많다는 것이다. 그러려면 자기 엄마와 살지 왜 결혼해서 여자를 고생시키는지 모르겠다. 사실, 부인의 입장에서 보면 정말 한심한 남편이지만 그렇다고 싸울 수도 없는 노릇이다. 이럴 때는 부인이 지혜를 발휘해야 하는데 그게 쉽지는 않다. 남편의 생각에 어느 정도 맞춰가면서 시간을 두고 서서히 바꿔나가는 것이 좋다.

몇 가지 변수는 있다. 남편이 직업이 좋고 돈을 잘 벌어서 경제권을 쥐고 있을 때는 부인이 남편의 생각을 그냥 받아주는 것이 좋다. 그래야 가정에 분란이 생기지 않는다. 그런데 능력도 없는 남편이 매사에 시부모를 먼저 챙긴다면 살림에 별 도움이 안 되므로 부인이 반드시 주도권을 쥐어야 한다. 남편을 무시하는 게 아니라 시부모보다 자신들의 앞날이 더 중요함을 남편에게 인식시켜야 한다. 이것이 부인에게 필요한 지혜이다.

무엇보다 결혼생활에서는 부부의 화합이 가장 중요하다. 마음이 맞지 않고 사사건건 시댁 문제로 충돌한다면 그런 가정은 오래가지 못하거니와 앞으로 자녀들의 성장에도 좋은 영향을 주지 못한다. 이럴 때는 부인이 남편보다 강해져야 한다.

시부모들도 아들이 능력이 없고 경제력이 없을 때는 도움을 바라지 말아야 한다. 아들 부부의 형편이 좋아지면 그때 도움을 받아도 된다. 하지만 지금 아들 부부의 코가 석 자인데 어떻게 시부모까지 신경을 쓸 수 있겠는가?

그리고 시부모가 병석에 있을 때는 가능한 한 시설 좋은 요양원에 모시는 게 낫다. 요즘 요양원은 시설이 좋고 또래의 노인들도 많이 있어서 정신건강에는 더 좋을 수도 있다. 자식들이 꼭 안 모셔도 된다는 말이다.

며느리가 끼니마다 식사를 챙겨주고 빨래해주길 바라는 건 자식들의 인생을 빼앗는 일이므로 기대하지 말아야 한다. 그들도 먹고 살려면 시간이 필요하기 때문에 붙잡지 말라는 말이다. 아들이 결혼하면 자식이 아니라 며느리의 남편이라는 생각을 먼저 해야 한다. 그런 까닭에 시부모들도 한 살이라도 젊었을 때 철저하게 노후를 준비해야 한다. 그렇지 못하면 자식들에게 대우받지 못한다. 그리고 자식들에게 재산을 함부로 물려주는 실수를 해서도 안 된다. 이것이 노후생활의 현명한 답이다.

며느리가 시부모의 수발을 들며 사는 것은 우리가 무식했던 시절의 얘기이다. 요즘 며느리들은 공부도 많이 했고 학력이 높아서 똑똑하다. 그런 며느리들이 시부모를 모시는 질량 낮은 일을 하는 것은 결코 옳지 않다.

며느리들도 사회활동을 할 수 있도록 시부모가 길을 열어줘야 한다. 만약, 며느리가 사회에서 할 일이 없다면 부모님을 모시는 것이 오히려 낫다. 그렇지만 못 배운 며느리라고 해서 무시해서는 절대로 안 된다.

며느리들도 각자가 지닌 질량이 있다. 교육을 많이 받은 며느리라면 사회에 의미 있고 보람 있는 일을 하도록 시부모가 배려해야 한다. 이제는 시부모들도 자식을 바라보는 시각을 바꾸어야 한다.

사람은 어떤 꿈을 꾸어야 하는가

　우리는 살면서 수많은 선택의 기로에 선다. 가야 할 것인가, 말아야 할 것인가? 혹은 어떤 길을 선택할 것인가? 한참을 망설이다가 진짜 좋은 때를 놓치기도 하고 때론 잘못된 길로 들어서기도 한다. 이 모든 것이 삶의 한 과정이다.

　요즘같이 풍족한 시대에는 자신의 노력 여하에 따라 얼마든지 하고 싶은 것을 선택할 수 있다. 가난했던 지난날에는 사는 데에 급급해서 선택의 여지가 없었다. 지금은 조금만 노력하면 자신이 원하는 것을 선택할 수 있으니 얼마나 좋은가?

　돈은 절대로 그냥 생기지 않는다. 공짜가 없다는 뜻이다. 노력이라는 대가를 요구하는 것이 돈이라는 물질이다. 노력하지 않고 게으름뱅이가, 남의 신임을 받지 못하는 사람이 부자가 된 걸 나는 본 적이 없다.

　옛날에는 가능했다. 다들 가난했기 때문에 조금만 노력해도 성

　　　　　　　　　　　　　　　　　　가면과 본색

과가 눈에 보였지만 지금은 그런 시대가 아니다. 그렇지만 자신이 실력을 갖추고 있으면 그것을 쓰겠다는 사람이 얼마든지 널려 있다. 자신의 가치를 내보일 만한 실력을 갖추고 있는가에 달렸을 뿐이다.

요즘은 능력으로 인정받는 시대이다. 능력만 있으면 성공할 수 있다. 그리고 좋은 인연을 만난다면 물 만난 고기처럼 자신의 능력을 마음껏 발휘할 수 있다. 그러나 준비가 되어 있지 않으면 좋은 인연을 만날 수도 없다.

갑자기 들어온 돈은 잘 사용하라

어느 날 당신에게 뜻하지 않은
공돈이 생겼다고 하자.
당신은 친구들을 불러서
술을 사거나 쓸데없는 곳에 펑펑 쓴다.
그런데 과연 그 돈이 진짜로 공돈일까?
이 세상에 그냥 생기는 돈은 없다.
자신의 노력에 따른 대가이거나
아니면 부당한 방법으로 생긴 돈이다.
이 두 가지 모두를 가정한다고 해도
갑자기 들어온 돈은
헛되지 않게 잘 사용해야 한다.
이것을 제대로 관리하지 않으면
당신은 결코 성공할 수 없다.

자신의 장점과 능력을
최대한 살려라

자신에게 도무지 어울리지 않는
엉뚱한 일을 하는 이들이 있다.

누가 봐도 훌륭한 일을 할 수 있는데
자신의 자리에서 벗어나지 못하는 것은
도전정신이 없고 소심하기 때문이다.
이런 사람이 성공할 가능성은 거의 없다.

누구나 자신에게 맞는 일이 있다.
그것을 바르게 찾아서 하면
성공할 확률이 30%가 되고
노력이 더해지면 70%가 되고
좋은 인연을 만나게 되면

필시 100% 성공할 수 있다.

이것이 바로 3:7 법칙이다.

지금 당신의 처지가 힘든 것은

자신의 장점과 능력을

정작 필요한 곳에 쓰지 못해서이다.

지금부터라도 자기에게 맞는 일을 찾아서

자신의 장점을 극대화하라.

내가 존경받을 때 힘이 생긴다

주위에서 존경받지 못하는 사람은
스스로 힘이 생기지 않는다.

남들로부터 존경을 받으려면
어떤 자세를 지녀야 할까?
스스로 할 일을 찾아서 하면 된다.

궂은일은 남에게 시키고
자신은 쉬운 일만 골라서 한다면
남에게 존경받을 수 없다.

남이 나를 존경할 때
나도 힘이 생기는 법이다.

실력은 닦지 않고 게으름만 피운다면
존경받기는커녕 도태되고 말 것이다.

돈은 제대로 써야 가치가 있다

부자들이 자식들에게 재산을 물려주면서 세금을 안 내기 위해 온갖 편법을 쓴다는 뉴스를 종종 본다. 그런 이야기를 들으면 참 한심하다. 자식이 다 무슨 소용이라고 그 많은 재산을 물려주면서 세금을 포탈하려는 건지 도무지 이해할 수 없다.

사회에는 법과 질서라는 게 있다. 그런데 법과 질서를 무시하고 편법을 쓰면 어떻게 될까? 이 세상에는 절대 비밀이 없다. 대자연의 법칙에 의해서 편법은 반드시 들통나게 돼 있다.

나중에 죽으면 제삿밥이라도 한 그릇 더 얻어먹기 위해서 자식들에게 재산을 물려주는 것이라면 그럴 필요가 없다. 망자(亡者)가 밥을 먹는다는 말은 들은 바가 없다.

현대그룹 고(故) 정주영 회장과 삼성그룹 고 이건희 회장을 보라. 엄청난 재산이 있었지만 저승 갈 때는 한 푼도 들고 가지 못했다.

자식에게 무엇을 더 바라는가? 돈도 살았을 때 제대로 써야 돈이다. 그동안 자식들을 잘 먹이고 잘 입히고 공부까지 시켜줬으면 부모로서 제 역할을 다한 것이다. 그러고도 남는 돈이 있으면 어려운 사람을 돕는 데 한 푼이라도 써라. 그것이 진정으로 가치 있는 돈이다.

진짜 부자는 마음부자이다

이 세상에 갑자기 부자가 된 사람이 과연 몇이나 될까? 로또나 복권에 당첨된다고 해도 큰 부자가 되지는 못한다. 진짜 부자는 그런 사람이 아니다. 남을 행복하게 해줄 수 있는 사람이 진짜 부자이다.

재미있는 이야기 하나를 들려줄까 한다.

미국 뉴욕에서 벤처기업을 설립하여 큰 성공을 거둔 백만장자가 있었다. 어느 날 그는 한창 일할 나이에 자신의 주식을 직원들에게 나눠주고는 대표직을 내려놓았다.

그는 자신이 크게 성공한 것은 아버지의 희생이 있었기에 가능했다고 생각했다. 그래서 돌아가신 아버지를 떠올리며 고향으로 내려갔다.

다음 날 아침, 그는 허름한 옷을 입고 빗자루와 수레를 끌고 거리로 나갔다. 마을 사람들은 백만장자가 되어 금의환향했던 그가 하루아침에 청소부가 되어 빗자루로 거리를 쓸고 있는 것을 보고 이상하게 생각했다. 어떤 사람은 회사가 망해서 돌아온 거라고 수군거렸다.

어느 날 궁금증을 참지 못한 마을 주민이 물었다.

"어찌 당신 같은 부자가 시골에 와서 청소를 하는가?"

그가 미소를 지으면서 이렇게 말했다.

"저의 아버지는 평생 고향에서 청소부로 일하시면서 훌륭하게 자식들을 키우셨지요. 물론, 아버지의 삶은 고달팠겠지요. 하지만 아버지의 힘든 삶을 조금이라도 느끼고 싶었습니다."

고향 사람들은 그의 말을 듣고 깊은 감동을 받았다. 이 이야기가 신문을 통해서 널리 알려지자 그의 회사 제품은 불티나게 팔려나가서 더 큰 부자가 되었다.

당신은 이 이야기를 통해서 무엇을 느꼈는가? 내가 하고자 하는 이야기는 그가 큰 부자가 되었다는 등의 성공담이 아니다. 아버지의 삶이 얼마나 힘들고 고된 길이었던가를 스스로 알고자 했던 아들의 진실함이다. 이런 마음을 가진 사람은 충분히 성공할 자격이 있다.

우리는 날마다 거리를 쓸고 있는 청소부를 만난다. 당신은 어떤 마음으로 그들을 대하고 있는가? 이 세상에는 자신보다 남을

위해 사는 사람이 더 많다. 그들을 감사한 마음으로 바라보는 것,
그 자체가 바로 당신이 가진 능력이다.

3장

종교의 가면

경전과 성경을 눈 아래 두고 읽으라

우리는 마음의 위안을 얻기 위해

종교에 많이 의지하지만

갈수록 파행적으로 가고 있는

종교인들과 종교단체들을 보면 안타깝다.

염려스러운 건 신도들의 '맹신(盲信)'이다.

동서고금을 막론하고

붓다와 예수의 가르침이 담긴

경전과 성경은 매우 훌륭한 책이다.

수천 년이 흐른 지금까지도

전해지고 있는 이유는

그들의 가르침이 위대한 진리이기 때문이다.

그런데 실상은 어떤가?

성직자와 신자들은 공부는 하지 않고

신주단지처럼 모셔놓고 떠받들기만 한다.

경전과 성경은 머리 위에 두고

숭배하는 것이 아니라

눈 아래 두고서 읽고 공부하여

그 진리를 가슴에 새겨야 하는 것이다.

성직자들은 경전과 성경을

장삿속으로 이용하지 말아야 한다.

식을 버리면 세상이 보인다

　사찰에 가면 일주문 양쪽에 '입차문래 막존지해(入此門內 莫存知解)'라고 쓴 주련이 걸려 있는 걸 본 적이 있을 것이다. 원래 이 선구(禪句)는 중국의 보안 선사가 《전등록(傳燈錄)》에 기록해둔 것인데 고승들이 이 구절을 즐겨 인용했고 서산 대사의 《선가귀감(禪家龜鑑)》에도 나와 있다. 깨달음의 장소인 절에 오는 사람은 '알음알이'와 '사량분별심(思量分別心)'을 내려놓고 각자의 '본래심(本來心)'으로 돌아가라는 뜻이다.

　붓다는 우리 몸이 '오온(五蘊)'인 '색수상행식(色受想行識)'으로 구성되어 있으며 이를 버려야만 비로소 깨달음을 얻을 수 있다고 했다. 왜 붓다는 수행자들에게 오온을 버리라고 했으며 특히 '식'을 경계하라고 했을까?

　불교에서 말하는 '식'은 대개 우리가 알고 있는 일반적인 상식을 의미한다.

이 사회에는 '규범'이라는 것이 있다. 예를 들면 '횡단보도를 무단으로 건너서는 안 된다' '길에 침을 뱉지 않는다' '코로나가 만연할 때는 마스크를 쓴다' 등은 사회적 규범이지 상식이 아니다. 그런데 많은 이들이 상식이라 착각하고 있다.

내가 말하는 상식은 막연하고 실체가 잡히지 않아서 오랫동안 우리가 마음에 가두어놓은 '관념'을 가리킨다.

상식을 버리지 못하면 정체되고 발전하지 못하거니와 지속되면 점점 동시대의 삶과 뒤떨어지게 된다. 말하자면 상식에 너무 안주하지 말라는 얘기이다.

본디 인간은 자신이 알고 있는 상식에 끄달리면 망상이나 번뇌가 일어나서 급격하게 흔들리고 삶의 목표를 잃어버리게 된다. 그러니까 상식에 자신을 너무 가두지 말라는 것이다. 상식은 지혜가 쌓이는 것을 방해한다. 보편적인 생각은 가지되 상식이 무조건 바른길이라고 생각하지 말라.

예를 하나 들어보자. 어떤 사람이 요즘같이 코로나바이러스가 만연할 때 마스크 공장을 차리면 큰돈을 번다고 생각해서 회사를 차렸다. 그런데 다른 사람들도 똑같은 생각으로 회사를 차린 바람에 오히려 포화상태가 되어서 마스크 가격이 떨어지고 재고가 쌓여서 망할 지경에 놓였다.

코로나바이러스로 인해 모든 사람이 마스크가 필요하니까 마스크 공장을 차리면 큰돈을 벌 수 있겠다는 막연한 생각이 바로 관념이다. 그런데 그것은 자기만의 생각이 아니라 상식에 지나지 않는다는 것이다.

그렇다면 자신이 가지고 있는 상식을 어떻게 무너뜨려야 할까? 감히 남들이 생각조차 할 수 없는 자기만의 깊이 있는 공부를 통해서 지혜를 증득해야 한다. 이를 두고 나는 '앞선 생각'이라고 정의하고 싶다.

우리 주변을 보면 남 따라서 사업하다가 망하는 이들이 꽤 많다. 버스 지나간 뒤에 손 드는 격이고 소 잃고 외양간 고치는 격이다. 상식에 너무 안주하면 그렇게 된다.

때문에 내가 '상식을 놓아라'라고 말하는 것은 자기를 지배하고 있었던 오랜 '의식을 놓아라'는 뜻이다. 이것은 자신을 억누르는 나쁜 기운이 되어 사람을 능동적이기보다는 수동적으로 이끄는 원인이 되기 때문이다. 지혜는 상식과 의식을 모두 놓아버린 뒤에야 일어난다는 것을 명심해야 한다.

도반과 함께

도반(道伴)은 같은 이념을 갖고 공부하면서
함께 생활하는 '법우(法友)'를 가리킨다.
상심하는 일이 있거나 좋은 일이 생기면
내 일처럼 아파하고 기뻐하는 사이다.
도반은 혈육도 뛰어넘고
하나님도, 신도 떼어놓을 수가 없다.
같은 이념을 가진 법우가
지금 당신 곁에 단 한 명이라도 있는가?
어려운 수행의 길을 함께할 도반이 없다면
작은 바람에도 쉽게 흔들릴 수 있다.
지금이라도 함께 공부할 법우를 찾아라.

가면과 본색

과거와 현재의 수행법은 다르다

과거의 불교 수행법은

자아(自我)를 찾는 것에 무게를 두었지만

오늘날의 수행법은 자아를 기초로 하여

증득한 깨달음을 인류를 위해

어떻게 기여할 것인지로 달라져야 한다.

깊은 산속에서 참선을 통해

혼자 증득한 깨달음은

첨단 시대에는 의미가 없다.

이젠 종교도 사회로 나와서

실질적으로 도움이 되어야 한다.

이것이 오늘날 종교가

나아가야 할 올바른 방향이다.

예수도 부처도 아는 것이 힘이다

사람들이 종교를 믿는 궁극적인 이유는 무엇일까? 남이 장에 가니까 따라가듯 남들이 믿으니까 자신도 믿는 것일까? 자신이 믿고 있는 종교의 지향점이 무엇이며 어떤 가치가 있는지조차 모르고 그저 이웃이나 주변의 권유로 종교를 믿다 보니 사이비 종교에 빠지게 되는 경우가 많다.

말하자면, 자신이 믿는 종교가 어떤 목적을 가지고 있는지 알아야 하는데 무턱대고 믿기 때문에 문제가 발생하는 것이다. 지금도 성직자들은 자신의 종교를 믿으라고 끊임없이 포교를 한다. 심지어 지하철 안에서 "예수님 믿으면 천국 간다."고 떠드는데 그런 것을 보면 너무 지나치다.

종교를 믿기 전에 먼저 그 종교에 대해 아는 것이 중요하다. 그 종교의 목적은 무엇이며 어떤 가르침을 주는지, 어디에 가치를 두고 있는지를 알고 난 뒤 믿어도 하등 늦지 않다는 말이다.

내가 유튜브를 통해 정법을 강의하는 것도 똑같다. 나는 무조건 내 강의를 들으라고 강요하지 않는다. 적어도 정법 공부가 어떤 것이고 어떤 지향점을 가지고 있는지 들어보고 판단하라는 것이다. 다시 강조하지만 믿음보다 먼저 아는 것이 매우 중요하다.

우리는 토마토, 시금치, 오이, 가지 등 갖가지 채소들을 먹는다. 그 채소들은 먹어도 된다는 의식이 작용하기 때문에 안심하고 먹는다. 즉 그것을 먹어도 안전하다는 사실을 오래전부터 알고 있기 때문이다. 그런데 독버섯처럼 먹으면 안 되는 음식도 있다. 내장에 독을 가지고 있는 복어도 마찬가지인데 복어는 독을 제거한 뒤 먹는다. 이처럼 우리는 생활의 지혜를 알게 모르게 가지고 있다. 이것이 바로 앎이다.

이처럼 자신이 믿는 종교가 어떤 가치를 지니고 있는가 먼저 알아야 한다. 그러지 않고 남이 믿으니까 따라 믿는 것은 자칫 독이 될 수 있다. 안다는 것은 '근본'을 찾아가는 것이다.

그리고 돈도, 명예도, 권력도 그것이 지니고 있는 진짜 속성을 제대로 알아야만 필요한 곳에 바르게 쓸 수 있다. 돈 때문에 하루아침에 망하는 것도, 권력으로 인해서 자멸하는 것도 모두 돈과 권력의 속성을 잘 모르기 때문에 일어나는 일이다. 그래서 믿음보다 아는 것이 중요하다는 말이다.

그럼 제대로 알려면 무엇을 어떻게 해야 할까? 당연히 공부를 깊이 있게 해야 한다. 종교를 믿고 싶으면 종교를 알아야 하고,

돈을 벌고 싶으면 돈에 대해서 알아야 하고, 권력을 얻고 싶으면 권력에 대해서 먼저 알아야 한다.

내가 사람들에게 정법을 강의하는 것은 바른 삶이 무엇이고 우리가 가야 할 바른길이 무엇인지 들려주기 위함이다. 지금껏 사람들은 어떤 길이 바른길인지 잘 몰랐다. 모르니까 공부하라는 것이다. 무조건 믿지만 말고 차근차근 알아가는 연습을 먼저 하라는 얘기이다.

정법 공부를 통해서 바른 삶이 어떤 길인지 알게 되면 예수도 부처도 바르게 쓸 수 있다. 그런데 종교의 본질을 모르고 무턱대고 믿으면 예수나 부처를 머리 위에 올려놓고 무조건 숭배만 하게 된다. 또한 성직자들은 이런 심리를 이용해서 돈벌이를 한다. 이것이 바로 사이비 종교의 본질이다.

이와 달리 우리가 예수와 부처를 바르게 알면 그 가르침을 받아서 유용하게 쓸 수 있다. 부처와 예수를 믿기보다 그들에 대해 바로 알아서 이 세상의 어두운 곳을 위해 그들을 잘 써야 한다.

믿음보다 강한 것은

세상을 믿지 말라.

믿는 것보다 바르게 아는 게 더 중요하다.

하나님을 믿고, 예수님을 믿고,

부처님을 믿는다는 건

자신의 나약함을 스스로 인정하는 것이다.

하나님을 제대로 알고

예수님을 제대로 알고

부처님을 제대로 알아야

자기 자신에게 다가갈 수 있다.

내가 그들을 모르는데

어떻게 그들을 쓸 수 있겠는가?

하나님을 제대로 아는 자가
예수님을 제대로 아는 자가
부처님을 제대로 아는 자가
그들과 가까워질 수 있다.

믿음보다 강한 것은
그들을 알아가는 것이다.
믿으려고 하지 말라.
그들이 펼친 진리가
무엇인지 알아야만
내가 나의 주인이 될 수 있다.

평소 하는 말이 축원이다

축원(祝願)은 자신이 희망하는 것이 이루어지기를
마음속으로 기도하는 걸 말한다.

종교를 가진 신도님들은
스님이나 목사님에게 축원을 부탁한다.
그 자체가 나쁜 건 아니지만
나쁜 행위를 일삼고 나쁜 말을 하면서
성직자에게 축원을 부탁하면
오히려 자신에게 좋지 않은 일이 생긴다.

제대로 된 축원을 원한다면
먼저 행동과 말을 바르게 하라.
평소 자신의 행동과 말이 곧 축원이다.

올바른 성직자의 길

성직자의 눈은 항상 아래에서
위를 향해 있어야 한다.
성직자가 대중을 향해 빳빳하게
머리를 쳐들고 있으면
그는 좋은 성직자가 아니다.
내공이 깊은 성직자는
항상 겸손하고 묵직하다.
그들은 힘든 사람이 찾아오면
무엇을 도울 것인가를 먼저 고민한다.
공부가 안 된 성직자일수록
덕이 없고 거만하다.
지금 대한민국이라는 국가는
종교가 사회를 걱정해야 하는데

반대로 사회가 종교를 걱정하고 있다.

이것은 성직자들이 제 본분을 잃고

자꾸 정치꾼이 되어가고 있기 때문이다.

영혼은 육신을 움직이는 주체다

영혼은 마음 에너지로서

내 몸을 움직이는 주체다.

영혼이 맑은 사람은

육신도 깨끗하지만

영혼이 탁한 사람은

육신의 기운도 흐리다.

좋은 생각을 하고 좋은 일을 하면

영혼이 맑아지고

에너지가 넘치게 된다.

　　　　　　　　　　　　　　　　가면과 본색

종교로부터 힘을 얻는 시대는 지났다

최근 코로나 바이러스 집단 감염으로 한 종교계가 지탄을 받은 바 있다. 온 국민이 방역에 힘쓰고 있을 때 도움을 주지 못할망정 집단 감염의 진원지가 되었으니 원성이 자자할 만도 하다.

이쯤에서 우리는 종교에 대해 다시 한번 생각해볼 필요가 있다. 로켓이 우주로 날아다니는 과학 시대에 사회를 주도하고 인류를 이끌어가야 할 우리 지식인들이 돌덩어리나 목신(木神) 그리고 신에게 무릎 꿇고 빈다는 게 뭔가 앞뒤가 맞지 않는 것 같다.

거듭 강조하지만, 종교의 본질은 나약한 인간이 절대적인 존재에 의지하려는 것이지만 오늘날 같은 첨단과학 시대에는 종교보다는 좋은 가르침을 주는 스승을 만나는 것이 더 중요하다.

그렇다면 지금 시대에는 종교가 필요 없는가? 아니다. 마음의 평화를 얻기 위해 반드시 필요하다. 그렇다고 종교에만 전적으로 의지하는 것은 매우 위험하다.

종교의 핵심은 가르침에 있다. '마루 종(宗)'에 '가르칠 교(敎)'자를 쓰는 것도 그런 이유 때문이다. 그런데 어떤가? 성직자들은 진리의 가르침을 전할 생각은 하지 않고 엉뚱하게도 종교를 이용해 재물을 탐하고 있다.

종교로부터 힘을 얻는 시대는 이미 지났다. 종교는 의지의 대상이 아니라 힘들 때 마음의 평안을 얻고자 잠시 기대는 것일 뿐, 그 이상도 이하도 아니다.

당신이 힘들 때 붓다와 하나님에게 의지하여 도움을 받은 적이 있다면 그것은 그들의 힘이 아니라 오직 당신의 노력으로 극복한 것이다.

붓다와 하나님으로부터 마음의 위안을 얻을 수는 있겠지만 어디까지나 마음이 그렇다는 것이지 문제의 본질은 아니라는 것이다. 그러므로 종교는 믿는 것이 아니라 그 가르침을 통해서 내 마음의 위안을 얻는 것으로 보아야 한다. 그래서 종교는 믿는 것보다 아는 것이 더 중요하다는 얘기이다.

좋은 인연을 만나는 법

느낌이 좋은 사람이 있다.
그와 좋은 인연을 맺으려면
내가 먼저 다가가서
그에게 좋은 에너지를 줘야 한다.

좋은 에너지란
내가 가진 좋은 마음,
내가 가진 좋은 생각,
내가 가진 좋은 기운을 의미한다.
내가 좋은 에너지를 주지 않았는데
좋은 인연을 바란다면 잘못된 생각이다.

인연에는 공짜가 없다.

누군가와 좋은 인연을 맺으려면
그에 상응하는 대가를 줘야 한다.

누군가와 좋은 인연을 맺으려면
먼저 상대방에게 다가가서
자신이 가지고 있는
좋은 에너지를 나눠줘라.

내가 가지고 있는 좋은 에너지를
그에게 30%를 주면
그도 나에게 30%를 주게 된다.
주고받은 에너지가 70%가 넘으면
마침내 좋은 인연이 된다.

가면과 본색

'생로병사'가 아닌 '생행복사'로

붓다는 인간의 삶을 고(苦)라 보고 어머니의 태(胎)에서 나오는 순간 생로병사가 시작된다고 했다. 이것은 인간의 삶을 동물적인 관점으로 바라본 것이어서 타당하지 않다.

동물은 태어나는 순간 생존에 대한 강한 욕구로 인해 본능적으로 어미의 젖을 찾아서 빨기 시작한다. 그러나 인간은 어머니가 젖을 물려주지 않으면 빨지 못한다. 이것이 인간과 동물의 차이점이다.

동물은 본능적으로 오직 먹는 것에만 삶의 목적을 둔다. 이와 달리 인간은 부모의 축복을 받고 태어나 점점 자라면서 영혼이 성숙해간다. 그런데 청소년기에 들어서면서부터 물질에 대한 강한 탐욕이 생기면서 맑고 깨끗했던 영혼이 점점 탁해지고 이것이 생로병사의 원인이 된다.

우리가 생로병사의 과정을 겪지 않으려면 '생행복사(生行福死')

가 되게 해야 한다. 삶 자체가 행복이며 축복이 되어야 한다는 뜻이다. 그러려면 재물에 대한 집착을 버리고 자신의 영혼을 살찌우는 데에 삶의 목적을 두어야 한다.

남을 탓하지 말라

원인 없는 결과는 없다.
지금 당신이 힘들다면
자신에게 잘못한 것이
분명히 있기 때문이다.
당신이 힘든 것은
자신에게 주어진 환경과 조건들을
바르게 쓰지 못하고
잘못 사용해서 빚어진 결과이므로
남 탓으로 돌려서는 안 된다.
그럴수록 더욱 힘들어지는 것은
자신뿐임을 명심하라.

아내들은 남편을 내조하지 말라

예전에는 아내가 "남편을 내조(內助)한다"는 말을 많이 했다. 원래 내조는 남편이 바깥에서 일을 잘하도록 아내가 돕는다는 말이다. 이 말에는 다분히 가부장적인 의미가 담겨 있다. 요즘 같은 남녀 평등시대에는 구시대적 발상이자 가당치도 않은 말로서 폐기 처분해야 한다.

아내가 집에서 요리하고 빨래하고 아이를 키우는 걸 두고 '내조'라고 생각해서는 안 된다. 그것은 질량이 낮은 일이므로 당연히 남편도 함께해야 한다.

그런데 아직도 착각하며 사는 남편들이 있다. 방바닥에 딱 드러누워서 자기는 손발이 없는지 아내에게 "물 가져와라" "라면 끓여달라" 시키고 퇴근 후에는 양말을 벗어서 아무 데나 탁 던져놓는다. 이것은 아내를 마치 식모처럼 대하는 것과 다름없다. 아내를 사랑하는 남편이라면 절대로 이런 일을 시켜서는 안 된다.

가면과 본색

적어도 미래에 사모님(?) 소리를 들을 여성이 이런 일로 남편을 내조(?)한다는 건 한마디로 웃기는 일이다. 아내도 능력이 되면 허드렛일은 파출부에게 맡기고 사회에 나가서 자신에게 맞는 일을 해야 한다. 돈을 많이 버는 일을 하라는 게 아니다. 자신의 실력에 맞는 일을 찾아서 하라는 얘기다. 이것은 본인에게도 좋고, 남편에게도 좋으며, 나아가 가정과 국가의 발전을 위해서도 좋다.

고학력 여성이 결혼하면 집안에 딱 들어앉아서 가사노동만 하는 건 국가적으로도 큰 낭비이다. 남편 내조나 하려고 그 많은 돈과 시간을 들여서 공부한 것은 아니지 않은가? 이제는 남편도 아내가 내조하길 바라서는 안 된다. 아내에게 능력이 있다면 오히려 남편이 내조해야 한다. 이제는 그런 시대라는 걸 남성들도 인식해야 한다.

인연을 만드는 방법

어떤 인연이 내게 다가왔을 때
그 인연을 감당하지 못할 경우에는
거부하지 말고 그냥 미소로 대하라.
내가 그를 충분히 이해할 수 있을 그때
비로소 인연을 맺으면 된다.

대자연은 갖가지 인연들을
알게 모르게 섞어서 보내준다.
그중에는 선연(善緣)도 있고 악연(惡緣)도 있다.
때로는 감당할 수 없는 인연도 있다.
자신이 감당할 수 없는 인연이라면
거리와 시간을 두고 깊이 생각하라.

어차피 맺어질 인연이라면

시간이 흐른 뒤에도 이어지게 되는 것이

대자연의 법칙이다.

사람들이 절과 교회에 가는
진짜 이유는?

절에 가면 부처님이 계시고
교회에 가면 예수님이 계신다.
정말로 부처님과 예수님을 만나기 위해
신도들이 절에 가고 교회에 갈까?
경전과 성경을 보면 부처님과 예수님은
룸비니동산과 예루살렘에도 계시고
고비사막과 타클라마칸에도 계시고
유럽과 북미, 러시아, 일본에도 계신다.
이 세상 어느 곳에 가더라도
이 두 분만은 반드시 계신다.
이렇게 보면 세상 어느 곳이든지
부처님과 예수님이 있다.
그런데 주말이 되면 왜 사람들은

절과 교회에 못 가서 안달이 날까?

부처님과 예수님을 뵙기 위해 간다고 말하지만

사실은 종교를 매개로 해서

사람을 사귀기 위해 가는 것은 아닐까?

그러다 보면 종교의 본질이 훼손될 수밖에 없다.

그럴 시간이 있으면 차라리

자신을 위해 책을 읽고 공부하라.

신을 믿지 말고
자신을 믿어라

신은 있지만 신을 믿으면 안 된다.

삶의 주체가 바로 자신이므로

자신이 신을 운용할 수 있어야 한다.

신을 잘 운용하면 힘이 되지만

잘못 운용하면 마장(魔障)이 된다.

그렇다면 신은 어디에 있는가?

바로 당신 근처에 있다.

친구, 동료, 이웃이다.

모두가 신이므로

서로 존중하면 힘이 되지만

잘못하면 멀어진다.

가면과 본색

인생의 성공 여부도

내가 신을 어떻게

운용하는가에 달려 있다.

종교의 가치관

대개 불교와 천주교, 기독교를 우리나라의 3대 종교로 알고 있다. 그만큼 믿는 사람도 많다. 그런데 요즘 코로나바이러스의 창궐과 집단 감염으로 인해 교회가 세간의 주목을 받고 있다. 대면 예배로 계속 감염자가 나타나고 있기 때문이다. 이유야 어떻든 이로 인해서 원성이 자자하다.

나는 이쯤에서 종교의 가치관과 일반적인 상식에 관해 이야기해보자 한다. 코로나바이러스가 창궐하고 난 뒤 정부는 대면 예배를 금지했다. 방역이 개인의 문제가 아니라 국가적인 문제였기 때문이다.

그런데 어떤 성직자는 엉뚱한 논리로 탄압이라고 주장하며 대면 예배를 강행하여 많은 사람들이 감염되었다. 그렇다면 예배의 목적은 어디에 있는지 묻고 싶다. 가정에서 예배해도 충분한데 군이 대면 예배를 강행하는 저의가 무엇인지 알고 싶다. 종교의 본질은 모두가 행복한 삶을 영위하는 데 있다. 그렇지 않고 타인에게 피해를 준다면 종교로서의 가치를 상실한 것이나 다름없다.

오늘날 종교가 세계적인 변화에 빠르게 대응하지 못하고 과거의 신앙을 답습하고 있는 것이 큰 문제이다. 이제 종교의 가치도 절대자나 신에게 의지하는 것이 아니라 개인의 행복에 초점이 맞춰져야 한다.

오늘날의 종교는 집단보다는 개인의 기도 중심으로 변해야 한다. 이제는 중세 시대처럼 종교가 최고의 가치가 될 수 없다는 뜻이다.

그런데 아직도 인류는 수천 년 동안 이어져온 종교적 상식에 매몰되어 있다. 불교는 여전히 기복신앙에 젖어서 극락정토를 말하고, 기독교는 여전히 천당과 지옥을 말하고 있다. 지금 우리에게 중요한 것은 극락과 천국이 아니라 마음의 평화와 행복이다.

따라서 종교계는 지금까지 알고 있었던 신에 대한 개념, 하나님에 대한 개념, 예수님에 대한 개념, 붓다에 대한 개념을 모두 버려야 한다. 신과 예수와 붓다는 신자들이 힘들 때 의지하는 대상이지 숭배 대상이 되어서는 안 된다는 뜻이다. 종교를 믿지 말라는 것이 아니라 종교에 대한 일반적인 상식을 깨라는 것이다.

이것이 우리가 알고 있는 종교의 모순이다. 우리가 그동안 믿어왔던 종교는 버리고 이제는 바로 알아야 한다. 예수를 바르게

알고 부처를 바르게 알아야 내 인생에 도움이 된다. 그걸 모르니
사이비 종교에 깊이 빠져서 헤어나지 못하는 것이다.

좋은 것을 두고
행복이라고 착각하지 말라

사람의 육신은 눈, 귀, 코, 입, 몸, 뜻으로 이루어져 있고 이를 불교에서는 '안이비설신의(眼耳鼻舌身意)' 또는 육근(六根)이라고 한다. 예쁜 것, 즐거운 소리, 좋은 향기, 달콤하고 맛이 좋은 것, 몸에 쾌감이 일어나는 것, 느낌이 좋은 것 등 우리 육신은 이 여섯 가지 즐거움을 본능적으로 추구한다.

좋은 것에는 그저 그렇고, 조금 좋고, 많이 좋은 것 등 단계가 있지만 그것들은 일시적인 현상일 뿐, 영원하지 않으며 때가 되면 사라진다. 따라서 좋은 것들은 단지 한때의 기분일 뿐 그것이 진정한 행복이 될 수 없다. 단지 우리가 그걸 행복이라고 착각하고 있는 것뿐이다.

강조하자면 우리 몸은 좋은 것에만 오랫동안 길들여져서 그것을 좇아다녔을 뿐, 진정한 행복이 무엇인지 지금까지도 모르고 있었던 것이다.

행복은 늘거나 줄거나 하는 고무줄 같은 것이 아니라 영원히
변하지 않는 금강석과도 같은 것이다.

나는 누구인가

나라는 존재는 대우주의 관점에서 바라보면

보잘것없는 존재에 지나지 않는 것 같지만

실은 대우주를 운용하는 원소이며 핵심 주체이다.

우리는 각자가 상상할 수 없는

큰 에너지를 저마다 지니고 있다.

그럼에도 삶이 힘든 이유는

자신의 가치를 알지 못하거나

제대로 운용하지 못하고 있기 때문이다.

지금부터라도 자신의 존재 가치를 찾는

공부를 해야 성장할 수 있다.

당신은 안주할 것인가, 나아갈 것인가?

선택은 오직 자신에게 달려 있다.

선한 이는 그 자체가 선하다

공자는 어떤 일을 해도
한 점 의혹이 생기지 않는 것을 두고
'불혹(不惑)'이라고 했다.
본디 성품이 착한 사람은
선한 일 앞에서는
절대로 갈팡질팡하지 않는다.
그 자체가 선하기 때문이다.
사람은 나이가 들수록
'불혹'의 삶을 살아야 한다.
그 경계가 바로 마흔이다.

가면과 본색

인연

세상의 모든 것들은

인연 따라 만나서

인연 따라 사라진다.

눈먼 거북이가 태평양보다 넓은 바다를

백 년 동안 떠돌다가

나무판자 구멍 속으로

고개를 넣고 숨 쉴 확률만큼

나에게 맞는 인연을 만나기란 정말 힘들다.

당신 곁에 있는 인연을 아끼고 사랑하라.

지금 당신에게는 그 사람이 가장 소중하다.

종말은 없다

과거 일부 기독교인들이 종말론을 이야기한 적이 있다. 그들은 1992년 10월 28일 그리스도가 세상에 다시 오면 기독교인들이 공중에 떠올라 그분을 만나게 된다는 '휴거'를 주장했다.

기독교에서 파생된 종말론은 '하나님의 나라가 가까이 왔으니 회개하고 천국에 가라.'는 메시지에 기초한다. 그들은 하나님이 세상을 창조했으며 하나님의 아들인 예수의 재림과 심판으로 이 세상이 끝난다고 주장했다. 예수의 심판을 받은 죄인은 벌을 받아 지옥으로 떨어지고 하나님을 믿는 사람은 천국에 들어가게 된다는 것이 기독교 종말론의 핵심이다.

그렇지만 나는 다른 관점으로 종말론을 바라본다. 이 세상을 만든 건 그들이 주장하는 하나님이 아니라 우리 눈에는 보이지 않지만, 대자연의 법칙에 의해 이 세상이 탄생되었다는 것이다. 지구 탄생의 비밀은 오직 대자연만이 알고 있기 때문에 이를 종교적인 관점에서 풀이한다는 것 자체가 잘못이다.

그렇다고 내가 기독교와 같은 유신론자들이 주장하는 종말론을 부정하는 건 아니다. 각자의 종교관이 있으므로 무조건 잘못되었다고 하는 것도 좋은 태도가 아니다. 다만, 내가 명상수행을 통해서 알아낸 것은 이 지구상의 생멸(生滅)은 하나님이라는 유일신이 관장하는 것이 아니라 오직 대자연의 이치에 따라 결정된다는 것이다.

봄이 오면 꽃이 피고 가을이 오면 잎이 지듯이 만물은 대자연의 작용으로 생멸을 거듭하기 때문에 기독교가 주장하는 인위적인 종말론은 결코 없으므로 지금껏 우리가 종교에 대해 가졌던 잘못된 상식과 관습을 이제는 버릴 때가 되었다는 뜻이다.

종말이란 이 세상이 끝나는 것을 가리키는 게 아니다. 이는 고통과 암흑이 사라진다는 역설로서 새로운 시대가 열린다는 뜻으로 이해하면 된다.

내가 생각하는 종말은 종교적 관습의 종말이자 새로운 의식의 탄생을 의미한다. 우리는 과거로부터 이어져온 잘못된 관습으로 인해 힘든 삶을 살 수밖에 없었다는 것을 인정해야 한다. 우리가 행복한 생을 누리려면 잘못된 관습들을 과감하게 내던지지 않으면 안 된다.

지혜는 어떻게 생기는가

남을 위해 '관음(觀音)의 덕'을 행할 때

나에게 지혜의 우물이 생긴다.

관음은 세상의 힘든 소리를 들어 알 수 있다.

우물의 물도 두레박이 있어야 길어 올리듯이

리더는 관음의 덕을 가져야

지혜가 깊어진다.

관음의 덕이 없고

계산적으로 생각하는 리더는

단 1%의 지혜도 내지 못한다.

소통하면 늙지 않는다

늙지 않는 최선의 방법은

남과 소통하면서

즐겁게 생활하는 것이다.

사람은 좋은 인연으로부터

에너지를 얻어야 젊어진다.

늙을수록 무기력해지는 이유는

곁에 소통하는 이가 없기 때문이다.

좋은 이와 소통하면서 즐겁게 살고 싶다면

먼저 자신이 실력을 갖춰야 한다.

자신에게 아무것도 없는데

좋은 인연이 다가올 리 없다.

출가와 가출

유튜브 강의 중에 한 젊은이가 나에게 물었다.

"스승님, 가출은 알겠는데 출가의 의미는 무엇입니까?"

"출가는 깨달음을 위해 스님이 되고자 하는 것, 혹은 여자가 시집을 가는 것인데 자네가 그걸 왜 뜬금없이 묻는가?"

"요즘 스님들의 비위가 뉴스에 많이 나오고 시끄러워서요."

"자네 정말 왜 그런지 몰라서 물어? 깨달음을 위해 출가한 스님들도 있지만 개중에는 가출한 스님들도 있어서 그래. 자네는 출가나 가출하지 말어."

진정한 출가의 길은 무엇일까?

한 번쯤 수행자들에게 묻고 싶다.

가면과 본색

욕심을 버리면
무엇이든 이룰수 있다

중국 보타산 천보사에 가려면
1,080개의 계단을 올라야 한다.
건장한 젊은이들도 오르려면
마음을 단단히 먹어야 하는데
처음에는 쉽게 생각하고
한 걸음에 두 계단씩 의기양양 뛰어 오르다가
얼마 가지도 못하고 털썩 주저앉는다.

인생도 욕심이 앞선 나머지
서둘다 보면 될 일도 잘 안 된다.
한 걸음씩 가다 보면
1,080계단도 그리 어렵지 않다.
다들 사는 것이 힘들다고 하지만

자기 욕심이 앞서기 때문에
늘 실패를 거듭하는 것이다.

가면과 본색

중이 제 머리 못 깎는다고?

옛날에는 스님들이 무리를 이루어 생활했기 때문에 '중(衆)'이라고 표현했다. 그런데 요즘은 스님을 '중'이라고 부르면 예의에 어긋나고 하대(下待)하는 것 같아서 잘 쓰지 않는다. 1970대 이전까지만 해도 스님을 '중'이라고 불렀다.

옛 속담에 '중이 제 머리를 못 깎는다'는 말이 있다. 남의 일은 현명하게 처리해주면서 자기 일은 제대로 하지 못하는 경우를 일컫는데 우리 주변을 살펴보면 의외로 이런 사람들이 꽤 많다.

왜 이런 속담이 지난 수백 년 동안 전해 내려왔을까? 이는 우리 민족성하고도 밀접한 관계가 있다. 희한하게도 한국인들은 눈앞에 있는 자기 일은 제대로 처리하지 못하면서 남의 일에는 '감 놔라 배 놔라' 사사건건 참견을 잘한다. 물론, 남의 일을 돕거나 신경 쓰는 걸 두고 꼭 나쁘다고 할 수는 없지만 도가 지나친 게 문제이다.

'중이 제 머리를 못 깎는다.'라는 속담을 가만히 생각해보면 꼭 나쁜 뜻만은 아니다. 이 속담에는 동물과는 다른 인간의 '이타심(利他心)'이 깃들어 있고 남을 위하는 고운 마음씨가 담겨 있다. 그렇지만 요즘 사람들은 남을 위해 살기보다 자신을 위해서 사는 경향이 있어서 '중이 제 머리를 못 깎는다'는 속담도 많이 사라진 것이사실이다.

애초부터 인간은 남을 돕기 위해 태어났다. 동물은 먹이 앞에서는 어미도 형제도 필요 없고, 심지어 배가 고프면 같은 배에서 난 형제들도 서로 물어 죽이지만 인간은 다르다.

나보다는 남이 먼저라는 '이타심'은 인간이 가진 '본래심(本來心)'의 발로이다. 우리 인류가 눈부시게 발전한 이유도 바로 '중이 제 머리를 못 깎는다'는 속담으로 압축할 수 있다. 이 속엔 우리 민족의 박애(博愛)정신이 담겨 있다. 얼마나 아이러니한 속담인가!

지금까지 승가(僧家)를 거쳐서 세속에서 널리 통용되었던 것도 다 이러한 이유 때문이다. 이 속담에는 사람이 중심이 되는 인본정신이 정확하게 담겨 있다. 그러므로 '중이 제 머리 못 깎는다'는 속담의 의미를 이제는 바르게 이해해야 한다.

말의 중요성

인생을 살면서 가장 중요한 것이 있다면 그것은 말이다. 말은 사람의 인격이고 마음이라고 했다. 말은 한번 내뱉으면 엎지른 물처럼 주워 담을 수 없다. 말 때문에 사람 사이가 가까워지고 말 때문에 한순간 멀어진다.

불교 경전에서는 "입안에 도끼가 있다" 하고 "세 치 혓바닥에 돌이킬 수 없는 화가 들어 있다"고 했다. 《무소유》의 저자 법정 스님은 세 치 혀를 두고 이런 잠언을 남기기도 했다.

현명한 사람은 남의 욕설이나 비평에 귀를 기울이지 않으며 또 남의 단점을 보려고도 않으며 남의 잘못을 말하지도 않는다. 모든 화는 입으로부터 나온다. 그래서 입을 잘 지키라고 했다. 입은 몸을 치는 도끼요 몸을 찌르는 칼날이다. 앵무새가 아무리 말을 잘한다 하더라도 자기 소리는 한마디도 할 줄 모른다. 사람도 아무리 훌륭한 말을 잘한다 하더라도 사람으로서 갖추어야 할 예의를 갖추지 못했다면 앵무새와 그 무엇이 다르리오! 세 치의 혓바닥이 여섯 자의 몸을 살리기도 하고 죽이기도 한다.

실로 의미심장한 비유이다. 사람들은 남들에 대해 '누구누구는 나쁘다, 누구누구는 그렇다' 등등 자신도 모르게 흉을 많이 본다. 그러나 무심코 내뱉은 말이 나중에 화가 되어 자신의 몸을 다치게 할 수도 있다.

대개 말 잘하는 사람은 자기 생각보다는 남의 말을 하기 좋아한다. 자신의 견해는 없고 남의 것을 빌려와서 마치 제 것인 양 앵무새처럼 내뱉는다. 그런 사람은 전혀 진실성이 없다.

생각 없이 내뱉은 약속은 돌이킬 수 없기 때문에 신중하게 세 번은 생각하고 말해야 한다. 말과 행동이 일치하는 사람은 남에게도 신뢰를 준다. 말은 곧 그 사람의 인격이요, 덕이며 지혜이기 때문이다.

나는 청년들에게 신중하게 말하라고 강조한다. 지킬 수 없는 약속은 지킬 수 없다 말하고 할 수 있는 일은 최선을 다하라고 한다. 남을 흉보는 것은 자신의 단점을 감추려는 것이고 제 얼굴에 침을 뱉는 격이다.

부처님의 가르침을 예로 들겠다.

부처님을 욕하는 외도가 있었다. 어느 날 그 외도가 부처님을 향해 흙을 뿌렸다. 그런데 강한 맞바람에 그 흙이 자신의 눈 속으로 들어가버렸다. 그것을 보고 다른 사람들이 깔깔 웃었다.

그때 부처님이 외도에게 말했다.

"보라. 남을 비방하거나 흉보면 그 죄는 모두 자신이 되돌려 받는다."

우리는 첫째도 말조심, 둘째도 말조심, 셋째도 말조심을 해야 한다. 이것은 동서고금의 진리이다. 남이 좀 밉더라도 비방하기보다 좋은 점을 말하고, 실수하면 격려해주는 것이 좋다. 그리고 가까운 사이일수록 예의를 더 지켜야 한다.

4장

지식의 가면

지금 우리는 진보 지식인을
기다리고 있다

지금 우리나라에는 진보 지식인이 없다. 자동차를 운전하다 보면 좌측으로 가야 하는데 길을 잘못 들어서서 우측으로 가는 경우가 있는 것처럼, 자신이 좌파적 시각을 가지고 있다고 해서 진보라고 여기는 건 잘못된 생각이다.

그렇다면 그들은 좌파일까 우파일까? 진정한 진보 지식인은 어느 진영에도 속하지 않고 자유롭게 자신들의 의견을 피력한다. 때문에 어느 한쪽에 치우치지 않는다.

그런데 어떤가? 자신이 진보 지식인이라고 자처하면서도 성급하게 한쪽 편만을 들고 있는 것은 아닌가? 이것은 소신 없이 남의 눈치를 보기 때문인데 그러다가 자신이 진보 또는 보수라 생각하고 성급하게 한쪽 편을 들어버리는 오류를 저지른다. 이것은 올바른 진보 지식인의 자세가 아니다.

진영에 이끌려서 한쪽 편만 들 게 아니라 좌파와 우파가 가진 각각의 장단점을 꼼꼼하게 살펴서 옳은 정책이 있으면 적극적으로 호응하고 아니면 반대해야 한다. 좌파와 우파의 본질도 잘 모르면서 무조건 한쪽 편만 드는 건 바보들이나 하는 짓이다. 각자의 진영 논리에 대해 진지하게 고민하다 보면 자신의 성향이 좌파도 아니고 우파도 아닌 중도파임을 깨닫게 될 것이다.

사실, 우리나라 사람들의 정치적 성향은 중도파가 많다. 자신이 '좌파다, 우파다' 하는 것은 독재시대 때 성향이 오랫동안 관습적으로 굳어져 왔기 때문이다. 하지만 지금은 그런 독재시대가 아니다. 정치 성향도 시대에 따라 바뀌어야 한다.

지금 우리나라의 정치 발전을 위해 반드시 필요한 사람은 진보와 보수, 좌파와 우파를 아우르는 중용의 시각을 가진 진보 지식인이다. 그들은 좌파도 우파도 아니며, 진보도 보수도 아니다. 모두에게 득이 되는 명철한 지혜를 가지고 있을 뿐만 아니라 사회문제에 대해서도 노동자와 사용자의 입장에서 냉철하게 분석하여 서로에게 이익이 되는 결론을 내놓는다. 또한 사회에 필요한 것이 무엇인지 분석하여 새로운 패러다임을 구축한다. 이들이야말로 민주주의 사회에 가장 필요한 인적 자원이고 사회 발전의 원동력이다. 그런데 우리나라에는 올바른 진보 지식인이 아직 보이지 않는다.

강조하자면, 진보 지식인은 자신의 이익을 탐하는 자가 아니라 세상이 더 잘될 수 있도록 함께 노력하는 자이다. 이익을 탐하는

가면과 본색

지식인이라면 그가 아무리 많이 배웠다고 해도 한갓 장사치에 불과하다.

지식인이 가장 조심해야 할 것은 편향된 시각이다. 한쪽으로만 쏠리게 되면 자신이 가야 할 길을 잃어버리고 오직 자신의 이익에만 집착하여 중용의 시각을 잃어버리기 쉽다. 그런 까닭에 진보 지식인은 재물과 권력을 탐해서는 절대 안 된다. 그런데 어떤가? 스스로 진보 지식인이라고 칭하면서도 눈앞의 이익에만 밝은 지식인이 너무나 많다.

중용은 아무나 가질 수 있는 성질의 것이 아니다. 많이 배웠다고 해서 중용을 갖추었다고 볼 수도 없고, 못 배웠다고 해서 중용이 없는 것도 아니다. 눈앞의 재물과 권력에 집착하지 않는 절대적인 내공이 필요하다. 즉 지식과 내공을 겸비한 자만이 진정한 진보 지식인이 될 수 있다는 뜻이다.

진보좌파 혹은 보수우파라고 자처하면서도 정작 진보와 보수의 개념조차 모르고 한쪽 편만 들고 있는 지식인들이 대다수다. 이들은 물결처럼 이리저리 쓸려다니기만 한다. 중용은커녕 진보 지식인의 근처에도 못 간다. 진정한 진보 지식인은 모두가 함께 잘 사는 데 최상의 가치를 둔다.

옛날에는 없는 자의 편에 서면 세상에 반란하는 자가 되었고 가진 자의 편에 서면 백성들의 고혈을 짜내는 자가 되었다. 그러나 지금 시대에는 어느 한쪽의 시각으로만 세상을 보아서는 안 된다.

그렇다면 오늘날 진보 지식인들은 어떤 자세를 지니고 행동해야 할까? 누구의 편도 들지 않고, 누구도 불리하지 않게 하는 데 최상의 가치를 두고 누구에게든 이익이 되는 결정을 내려야 한다. 이것이 오늘날 진보 지식인이 지녀야 할 태도이다. 뿐만 아니라 상하좌우가 함께 잘 살고 행복해지는 방향으로 이끌어야 한다. 기업인은 노동자가 걱정하지 않고 일할 수 있도록 아낌없이 지원해주고, 노동자는 생산성을 높여서 기업이 성장하도록 하여 함께 잘 사는 사회를 만드는 데 힘써야 한다.

지금 우리 사회는 양극단으로 분열되고 있다. 좌우파의 진영 논리 때문인데 이를 아우르는 역할을 해야 하는 그룹이 바로 진보 지식인이다. 하지만 그들은 어디 가고 목소리 큰 자들만 남아 있는 것이 현실이다.

옛날 우리 부모님들은 자식을 올바르게 키우기 위해 기꺼이 자신들을 희생했다. 그런데 그 자식들은 어떤가? 좌파와 우파로 갈라져서 서로 헐뜯고 싸운다. 대안도 없이 오직 싸움질에만 열중하고 있다. 왜 그들은 싸우기만 하고 해법을 제시하지 못하는가? 그들에게는 시급한 문제를 해결할 능력이 애초에 없기 때문이다.

진정한 진보 지식인이라면 잘못된 것을 보고 헐뜯기보다 그것을 해결하기 위해 노력해야 한다. 남을 헐뜯고 비판만 하는 사람은 지식인이 아니다. 남을 탓하고 헐뜯을 때는 지식도 실력도 필요 없고 막무가내다. 우리 사회가 난파선처럼 표류하고 있는 건 지식인들이 진영 논리에 치우쳐서 합당한 대안을 제시하지 못하고 있기 때문이다. 말을 철저하게 아낄 때 올바른 지혜가 열린다. 그런데 지식인들이 하라는 공부는 안 하고 진영 논리에 매몰돼 싸움질에만 몰두하고 있다.

정치인들의 잘못이 가장 크다. 정치인들은 권력을 연장하기 위해 지식인들을 자기 편으로 끌어들인다. 그러나 진정한 진보 지식인들은 주관이 뚜렷해서 정치판에 뛰어들지 않는다. 그나마 이 나라가 유지되고 있는 것은 중용의 정신을 가진 지식인이 그나마 존재하기 때문이다.

이제부터라도 진보 지식인들이 세상을 바꿀 새로운 패러다임을 내놓아야 한다. 그들이 좌파와 우파라는 진영 논리를 배제하고 오직 중용의 시각으로 이 나라를 바라볼 때 비로소 대한민국의 미래가 열릴 것이다.

존경심은 저절로 일어나는 것이다

존경심은 누군가로부터

도움을 받았다고 해서

생겨나는 것이 아니라

누군가로부터 도움을 받고

진정으로 고마움을 느낄 때

저절로 일어나는 것이다.

공부하는 사람의 자세

공부하는 사람은
돈과 명예를 멀리해야만
올바른 공부를 할 수 있다.
돈과 명예에 눈이 멀면
자신의 길을 제대로 갈 수 없다.
시절이 되면 인연이 나타나서
돈과 명예가 저절로 따라온다.
억지로 취하려고 욕심을 내면
그동안의 공부가
한순간에 헛것이 될 수 있다.

자기 수행과 공부를 병행하라

과거의 삶과 지금의 삶은 확연히 다르다. 무엇이 다를까? 우선 사회법부터 다르다.

지난날 우리가 못 먹고 못살 때에는 남의 밭에서 참외 한두 개를 슬쩍해도 그냥 눈감아주었다. 어른들에게 혼은 날지언정 죄가 되지는 않았다. 지금 그랬다가는 절도죄로 감옥에 갈 것이다.

총각이 길을 가다가 젊은 여성에게 예쁘다고 눈길만 줘도 성희롱죄로 잡혀갈 수 있다. 직장에서 상사가 직원에게 일을 좀 잘하라고 면박을 줘도 직장 내 괴롭힘 방지법에 따라 제재를 받을 수 있다.

어디 그뿐인가. 자식이 말을 안 듣는다고 부모가 회초리로 함부로 때렸다가는 아동학대죄로 당장 처벌받을 수 있다. 수업 중에 학생들이 떠든다고 선생님이 주의라도 주면 당장 스마트폰을 꺼내 그 모습을 촬영한다.

이렇듯 세상은 하루가 다르게 변하고 있다. 그런데도 기성세대는 옛날만 생각하고 자기들 방식으로 세상을 살려고 한다. 기성세대가 이 시대를 제대로 살아가려면 자기 수행과 공부를 병행해야만 한다. 그러지 않으면 스스로 소외되고 나중에는 자기 정체성을 잃어버릴 수 있다.

돈과 지혜는 함께 간다

돈과 지혜는 항상 함께 움직인다.

지혜가 충만한 사람은

적은 돈일지라도 잘 굴려서

큰돈으로 만들지만

지혜가 바닥인 사람은 돈이 들어오면

헛되이 탕진하기 쉽다.

자연은 모든 사람에게

평등하게 복을 주지만

그 복을 잘 관리하는 것은

우리의 몫이다.

가면과 본색

사람 속에서 깨달음을 얻어라

내가 산속에서 홀로 수행하며 깨달은 건
도(道)란 사람들 속에서 얻어진다는 것이다.
장사꾼에게는 그들만의 도가 있고,
학자에게는 학자들만의 도가 있으며,
기업인에게는 기업인들만의 도가 있다.
사람은 결국 사람 속에서 도를 깨닫는다.

늙어갈수록 배워야 한다

늙어갈수록 배워야 한다.
밥 먹는 것보다 더 중요한 것은
모르는 것을 배우는 것이다.
배우지 않으면 살아남기 힘든 세상이다.
인터넷과 스마트폰 사용법도 배우고
검색하는 방법도 배우고
온라인으로 물건 사는 방법도 배워라.
그러지 않으면
자식과 손자에게도 조롱당한다.
세상은 첨단을 달리고 있는데
자기만 뒷걸음친다면
자식들에게 무시당하고
웃음거리만 될 것이다.

정보화 시대에는 지혜만이 답이다

인터넷은 오늘날 전 세계에서 흘러나온 엄청난 정보를 시시각 각 담아내는 플랫폼이자 지식의 창구이다. 사람들은 날마다 쏟 아지는 정보를 시시각각 받아서 확대 재생산한다. 그야말로 정 보의 홍수 속에서 우리는 살아가고 있는 것이다.

그뿐만 아니라 자신의 존재를 세상에 알리기 위해 수단과 방법 을 불문하고 허접한 정보와 가짜뉴스를 마구잡이로 쏟아내고 있 다. 넘쳐나는 정보로 인해 어떤 것이 진짜이고 가짜인지 구별하 지 못할 정도로 심각한 몸살을 앓고 있다. 확인되지 않은 정보의 홍수는 거기에 적응하지 못하는 개인을 소외시키거나 더욱 고립 시킨다. 이로 인해 마음의 상처는 갈수록 깊어진다.

진짜 유익한 정보를 가려내기 위해서는 냉철한 판단력과 지혜 가 필요하다. 정보의 홍수 속에서 거짓 정보에 깜빡 속기 쉽고, 자칫하면 가짜 정보로 인해 심각한 피해를 입을 수도 있다.

자신의 삶에 만족하지 못하는 사람들이 대리만족을 얻기 위해 날마다 인터넷을 헤매고 있다. 그렇다면 행복한 삶의 에너지를 어디에서 구해야만 할까? 이럴 때 가장 필요한 것이 지혜이다.

지혜를 증득하기 위해서는 바른 스승의 가르침이 절대적으로 필요하다. 여기에서 스승이란 바른 삶의 길을 인도해줄 '선지식'을 말한다. 지금 우리에겐 바른 스승의 가르침이 필요하다. 그런데 어떤가? 눈을 닦고 보아도 다들 욕망만 가득할 뿐, 바른길로 인도할 선지식이 없다는 것이 큰 불행이다.

이제 우리는 스승을 찾아서 지혜를 구해야 한다. 그러지 못하면 오늘날 범람하는 정보에 짓눌려서 스스로 고립될 수밖에 없다. 세상에 쏟아지는 지식과 정보만으로는 결코 행복을 얻을 수 없으며 불행을 극복할 수도 없다.

오직 지혜만이 답이다. 지혜의 문을 열어줄 스승을 만나서 지혜를 증득해야 한다. 그럼 누가 스승일까? 바로 이 시대의 지식인들이다. 그들이 욕심을 버리고 세상을 위해 살 때 바로 참된 스승이 될 수 있다. 지식인들이 자신의 안위를 챙기는 데에서 벗어나 남을 위해 산다면 이 세상은 선지식으로 넘쳐날 것이 분명하다.

오늘날 지식인들은 배운 것은 많아도 제대로 사용할 줄 모른다. 오직 자신의 욕심만을 채우기 위해 지식을 이용하고 있기 때문이다. 아무리 지식이 많다고 하더라도 나쁜 데 사용하거나 제

가면과 본색

대로 활용하지 않는다면 그 또한 무용지물이다. 우리 지식인들이 지금 당장 깨어나야 한다.

노력 없이 얻으려고 하지 말라

옥토에 좋은 거름으로
정성스럽게 농사를 지었는데
곡식이 열리지 않을 리 없다.
땅에 씨앗을 심으면
반드시 결실을 얻는 것이 농사다.
세상 사는 일도 농사와 같아서
자기가 뿌린 대로 거두는 것이
대자연의 법칙임을 잊지 말라.

가면과 본색

지식인이 가야 할 길

기성세대가 흘린 땀의 결실을 먹고 자란 세대가 요즘 젊은이들이다. 그래서 기성세대는 "우리가 고생해서 지금의 대한민국을 만들었는데 너희들은 무엇을 하는가?"라고 입만 열면 질책한다. 좋은 말도 열 번 들으면 귀가 따갑다.

기성세대는 이런 말을 젊은이들에게 해서는 안 된다. 엄밀히 말하면 기성세대는 고생한 것이 아니라 삶의 모순을 깨기 위해 공부한 것뿐이다. 기성세대는 젊은이들이 바른길로 가도록 잘 이끌어줘야 한다. 이것이 오늘날 지식인들이 해야 할 몫이다.

진보는 몰락하면 안 된다

최근에 한 논객이 《진보는 어떻게 몰락하는가》라는 책을 펴냈다. 그는 현 정권을 진보세력으로 보고 30가지 키워드를 제시하며 그들의 민낯을 강하게 비판한다. 그의 견해를 전적으로 부정하지는 않지만, 내 생각과는 다소 차이가 있다.

진정한 진보와 보수라면 올바른 정쟁(政爭)을 통해 도출한 정책을 기반으로 서로 협력하여 국민에게 도움이 되는 일을 해야 한다. 그런데 현실을 보면 진보세력과 보수세력이 싸움질만 일삼고 있다. 좌파가 진보라는 이름을 도용하고, 우파가 보수라는 이름을 도용하고 있는 게 가장 큰 문제이다. 지금 한국에는 국민을 생각하는 진정한 진보와 보수가 없다. 따라서 진보와 보수라는 이름을 함부로 붙이면 안 된다.

지금 우리는 주적(主適)인 북한과 등을 맞대고 있다. 그들은 우리와 정치적 이해관계로 얽힌 국가가 아니라 그저 영원한 적일 뿐이다. 그런 북한을 옹호하는 건 진보적인 시각이 아니라 좌파적 시각이다. 따라서 진보와 좌파를 동일시하면 안 된다. 국가가 발전하기 위해서 진보세력은 꼭 필요하지만, 사회의 불안을 조성하는 좌파세력은 사라져야 한다는 게 내 생각이다. 따라서 현 정권을 진보세력으로 규정한 그 논객의 책 제목은 잘못되었다. 차라리 "좌파는 어떻게 몰락하는가"라고 했으면 더 좋았을 뻔했다.

영혼이 맑은 사람은
타인의 마음을 알 수 있다

우리는 자연과 더불어 살아가지만 대자연에 대한 고마움은 물론, 위대한 가르침을 잘 모르고 산다. 산길을 가다 풀꽃과 나무를 발견하면 그저 봄이니까 풀꽃이 피었다고 생각한다. 봄이 오면 꽃이 피고, 가을이면 잎이 지는 게 당연한 자연의 순리라고 여기지만 이 속에는 엄청난 대자연의 비밀이 숨겨져 있다. 한 알의 씨앗이 싹트는 데는 흙과 물과 공기와 빛이라는 인연이 필요하다. 이러한 인연 없이는 절대로 씨앗이 싹틀 수 없다.

나는 수행하면서 씨앗이 인연을 얻어 싹을 틔우는 걸 두 눈으로 똑똑히 목격했다. 신불산에서 수행한 지 꼭 13년째가 되던 어느 화창한 봄날이었다.

골짜기에 잔설이 더러 남아 있었는데 그날 산책을 나섰다가 비탈길에서 아주 작은 새싹이 땅속에서 조금씩 움트고 있음을 보았다. 마치 광학현미경으로 들여다보는 것처럼 새싹이 100분의

1mm씩 미세하게 자라고 있었다.

처음에는 깜짝 놀라서 두 눈을 의심했다. 씨앗 하나가 꿈틀대다가 아주 짧은 순간 흙을 뚫고 올라오는 것이 눈에 보였다. 이런 이야기를 하면 나를 미친 사람으로 여길지 모르겠지만 엄연한 사실이다. 새싹은 아주 느린 슬로비디오를 보는 것처럼 미세하게 솟아올랐다.

그렇다면 내 눈이 우주를 관찰하는 광학현미경이 된 것일까? 아무튼 그날, 땅속에서 새싹이 돋아나는 걸 직접 목격했다. 그뿐만이 아니다. 그 후로 꽃봉오리가 열리고, 나뭇가지에 잎들이 차오르고, 꽃잎에 이슬이 맺히는 순간들이 자주 목격되었다. 실로 경이로웠다.

사실, 13년째 되던 봄날 이전에는 씨앗에서 싹이 움트는 걸 전혀 보지 못했다. 그저 그러려니 생각했다. 당시만 하더라도 대자연의 움직임을 전혀 포착하지 못했던 것이다.

어느 날 폭포 위에서 깊은 명상에 들었다가 한 줄기 강한 섬광이 내 정수리에 꽂히는 걸 느꼈다. 그 후로 나는 이상한 기운이 내 몸속에 흐르고 있음을 알게 되었다.

한 알의 씨앗에서 싹이 트고 잎이 돋아나는 데는 엄청난 대자연의 섭리가 숨어 있다. 그동안 나는 왜 대자연이 움트는 것을 눈으로 보지 못했을까? 그때 내가 깨달았던 진리가 하나 있다. 영혼이 맑은 사람은 만물의 움직임을 마음의 눈으로 보게 된다는 사실이다. 그 사람이 가진 영혼의 에너지가 순간적으로 파동을 일으키기 때문이다. 그 후로 꽃이 피고 지는 순간을 마음의 눈으로 감지할 수 있었다.

대자연의 이치를 깨닫기 전에는 대자연의 경이를 알지 못했다. 그날 이후 대자연에서 일어나고 있는 경이를 알게 되었다. 어느 날부터는 싹이 100분의 1mm씩 쑥쑥 자라는 것이 눈에 보이고, 심지어 나무의 뿌리가 보이고, 잎의 미세한 입자까지 보이기 시작했다. 믿을 수 없는 일들이 내 눈앞에서 펼쳐졌다.

보통 사람들은 나의 경험을 도무지 믿지 않을 것이다. 아니 믿지 않아도 된다. 영혼이 탁한 사람은 평생 대자연의 경이를 느낄 수 없다. 대자연은 영혼이 맑은 사람에게만 그와 같은 경이를 볼 수 있도록 허락했기 때문이다. 대자연은 영혼이 맑은 사람에게는 언제든지 본모습을 허락한다. 반대로 영혼이 탁한 사람은 대자연의 본모습을 보지 못한다.

또한 영혼이 맑은 사람은 자신에게 누군가가 다가오면 그의 영혼을 이미 알기 때문에 그가 누구인지 굳이 밝히지 않아도 어떤 사람인지 안다. 상대방의 마음속에 들어가서 그가 가진 생각을 이미 다 읽고 있다는 뜻이다. 지금 상대가 답답해하는 것이 뭔지, 무엇을 원하고 있는지 다 안다는 뜻이다. 그와 달리 영혼이 탁한 사람은 백 년이 흘러도 타인의 마음과 생각을 알지 못한다.

소중한 것을 잃었을 때

사람들은 자신에게

무엇이 가장 소중한지 모르고 산다.

소중한 것을 잃고 나서야

그것이 소중한 것임을 안다.

그래도 늦지 않다.

그것이 자신에게 소중한 것임을

알았다는 사실만으로도 충분하다.

중요한 것은 지금부터다.

소중한 것을 잃었을 때라도 노력하면

당신에게 소중한 것을

되돌려준다는 걸 잊지 말라.

그건 사랑이 아니다

우리는 지금까지 사랑이 무엇인지
제대로 모르면서 사랑을 갈구해왔다.
그렇다고 잘못된 것이 아니라
사랑의 실체에 대해
모르고 있었던 것뿐이다.
누군가를 좋아하는 걸 두고
사랑이라고 착각했던 것이다.
그건 사랑이 아니다.
좋아하고 기뻐하고 즐거워하고 행복한 뒤에
마지막으로 오는 것이 사랑이다.
사랑은 누군가를 존경하거나 존경받을 때
오는 것이므로 존경심이 없으면
그건 사랑이 아니다.

가면과 본색

남편 또는 아내를 사랑한다는 말은

그저 좋아한다는 것에 지나지 않는다.

누군가를 사랑한다는 건

좋은 감정도 미운 감정도 모두 초월한 것이다.

사랑에는 후퇴가 없으며

죽어서도 갈라질 수 없다.

영혼이 맑은 사람의 공부

영혼이 맑고 선한 사람은
좋기는 하지만
이런 사람들 곁에는
항상 탁한 기운을 가진 사람이
호시탐탐 노리고 있으므로
평소에 자기 공부를 꾸준히 해야만
그들에게 휘둘리지 않고
자기중심을 유지할 수 있다.

또한 타인에 대한 공감 능력이 뛰어나서
누군가가 아픔을 겪고 있으면
상대에게 깊이 공감해서
결국 자신의 것으로 받아들인다.

그러므로 영혼이 맑고 선한 사람은

기운을 다스리는 공부를 해야 한다.

당신이 산전수전 다 겪었다고?

어른들이 자기는 산전수전 다 겪었다는 말을 청년들에게 아무렇지도 않게 한다. 이런 소리를 하는 사람이 있다면 당장 달려가서 묻고 싶다.

"당신이 겪은 산전수전이란 게 도대체 뭔가? 그 일이 당신을 어떻게 변화시켰는가?"

어른들은 과거에 고생을 많이 했다는 표현으로 이 말을 하지만 요즘 청년들에겐 듣기 싫은 말 가운데 하나일 뿐이다. 이 말 속엔 내가 고생을 많이 했으니 너희도 이런 고생쯤은 해도 된다는 의미가 담겼다. 하지만 그건 어른들의 신세 한탄에 지나지 않는다. 고생하지 않고도 성장할 수 있는 일들은 얼마든지 널렸다. 이런 말로 청년들의 마음을 잡으려고 하지만 한마디로 '헛소리'일 뿐이다.

어른들이 "산전수전 다 겪었다."고 말하면 공부할 기회를 세상이 많이 줬다는 뜻으로 이해하면 된다. 그리고 어른들은 옛날 사고방식으로 더 이상 청년들을 설득하려고 해선 안 된다.

우리가 다투는 이유는

사람들이 다투는 이유는
서로가 가지고 있는
실력의 질량이 똑같아서
서로 부딪치는 것이다.
이때 한쪽이 양보하면
두 사람의 질량이 합쳐져서
두 배의 힘을 발휘하게 되는데
자존심만 강해서 서로 다투면
오히려 둘 다 큰 손해를 보게 된다.

내면의 즐거움을 추구하라

21세기에 들어서서 인간의 삶이 윤택해진 건 사실이지만 아직도 변하지 않은 게 하나 있다. 그게 무엇일까? 지금도 우리는 좋은 집에서 살고, 좋은 차를 몰고, 좋은 것을 먹고, 좋은 옷을 입는 데에만 집착하고 있다는 사실이다.

이렇듯 인간은 좋은 환경에 살면서도 좋은 것만을 좇는 습성을 지니고 있다 보니 사는 데에 별 불편함이 없어도 남의 집이 더 좋아 보이고, 남의 자동차가 더 좋아 보인다. 이처럼 인간은 좋은 것에 대한 욕심을 죽을 때까지 버리지 못한다.

물론, 인류가 눈부신 발전을 이룩한 건 편리하고 좋은 것만을 지향한 결과임은 분명하다. 그렇지만 문명의 발전이 포화상태에 이른 지금은 더이상 미래가 발전한다고 장담할 수는 없다. 그런 까닭에 우리는 좋은 것보다는 내면의 행복에 더 관심을 기울여야 한다.

환경에는 두 종류가 있다. 동물적인 환경과 인간적인 환경이다. 사람들이 좋은 집과 좋은 차와 좋은 음식과 좋은 옷을 원하는 건 동물적인 환경에 기대는 것이다. 이와 달리 성숙한 내면의 즐거움을 추구하는 건 인간적인 환경이다. 이 두 가지 환경은 늘 서로 충돌할 수밖에 없지만 대부분 후자보다 전자를 더 선호한다. 하나를 얻으면 만족하지 못하고 더 얻으려고 하는 인간의 욕심 때문이다.

하지만 우리가 편리하고 좋은 것만을 추구한다면 행복은 오래가지 않을 것이다. 그 단적인 예로 물질문명의 발전으로 심각한 문제가 되고 있는 환경오염을 들 수 있다. 인간이 배출한 수많은 유해물질로 인해서 지구가 병들어가고 있으며 코로나바이러스도 인류의 삶을 심각하게 위협하고 있다. 이 모든 것이 인간의 욕심이 빚어낸 결과이다.

그렇다면 우리는 앞으로 어떤 삶을 지향해야 할까? 물질적으로 편리하고 좋은 것을 추구하기보다 개인의 행복을 위해 내면을 살찌우는 삶을 선택해야 한다. 돈과 명예, 권력 따위는 중요하지 않다.

우리에게는 좋았던 과거의 기억으로 회귀하려는 본능이 있다. 사회학자들은 이를 '즐거운 기억으로의 회향'이라고도 하고 '향수'라고도 한다. 본디 인간은 위협을 느끼면 머물던 곳을 벗어나 처음 자신이 태어난 곳으로 되돌아가려는 본능을 가지고 있다.

　　　　　　　　　　　　　　　　　가면과 본색

예를 하나 들어보겠다. 요즘 〈나는 자연인이다〉라는 TV 다큐멘터리가 꽤 인기가 있다. 삭막한 도시에 살던 사람들이 깊은 산속이나 섬에 가서 생활하는 이야기에 시청자들은 즐거움을 느낀다. 자신은 경험할 수 없지만 '자연인'의 이야기를 통해 대리 만족을 느끼기 때문일 것이다.

호모 사피엔스 시절 인간들은 옷도 신발도 없이 오직 먹을 것만 있으면 그만이었다. 날카로운 돌멩이로 짐승과 고기를 잡고 산속의 열매를 먹고 살았을 만큼 미개한 시절이었다. 그러다가 집을 짓고 살면서부터 좋은 것만을 찾았다. 이러한 인간의 욕구가 점점 진화해 눈부신 문명을 이루었다.

삭막한 도시를 벗어나 자연으로 회귀하려는 사람들이 부쩍 많아졌다. 산에서 농사짓고 약초 캐고 계곡에서 물고기를 잡아 먹으며 사는 '자연인'의 모습을 보며 자신도 그런 삶을 살고 싶다는 강한 충동을 느낀 것일까? 그런데 선뜻 결행하지도 못한다. 그런 삶을 살려면 먼저 돈과 명예 그리고 세속의 욕심을 비워내야 하기 때문이다.

사회가 점점 각박하게 변하고 있다. 자연으로 돌아가서 사는 걸 오히려 행복이라고 여기는 사람들이 많아지고 있다. 참으로 아이러니하다. 손에 잡히지 않는 그 무엇인가를 갈망하고 있다는 증거가 아니겠는가.

이제는 물질적으로 좋은 것을 좇아가기보다는 내면의 즐거움을 찾아 나서야 한다. 먹고사는 문제는 이제 더이상 중요하지 않은 시대가 되었다. 이제부터라도 좋은 것보다는 내면의 즐거움에 초점을 맞춰야 한다.

경청하고 말하라

사람들과 대화하다 보면
상대방의 말을 다 듣지도 않고
자기주장만 펼치는 사람이 있다.
이런 사람은 아집이 강해서
반드시 갈라서게 되므로
함께 일하지 말라.
앞에서는 잘난 척하지만
사실은 말만 앞설 뿐이다.
실력 있고 내공이 있는 사람은
항상 상대방의 말을 경청한 뒤에
자신의 의견을 말한다.
이것이 바른 대화의 방법이다.

마음을 정화하라

내 생각의 티끌을
하나씩 제거하는 이유는
내 마음을 정화하기 위함이다.

내 생각이 깨끗하면
남도 착하게 보이지만
내 생각이 더러우면
착한 사람도 나쁘게 보인다.

내 마음이 깨끗하면
산은 산이고 물은 물이지만
내 마음이 더러우면
산은 물이고 물은 산이 된다.

자랑하지 말라

일전에 내가 만난 인연이 있는데 그는 지리산에 들어가 3년 동안 살고 있었다. 나중에 만났더니 자기는 지리산 곳곳을 다 안다며 내게 자랑했다. 그런데 그는 아직까지도 지리산에 발목이 잡혀서 살고 있다.

그래서 내가 의미심장한 말을 던졌다.

"그래, 잘했다. 지리산을 품에 안고 늙어 죽을 때까지 거기서 살아라."

그랬더니 웃으면서 그가 말했다.

"악담인가 진담인가?"

"악담도 진담도 아니다."

내 말의 요지는 자신이 좋으면 그냥 묵묵하게 열심히 살면 되는데 그걸 세상 밖으로 드러내는 순간 스스로 발목이 잡힌다는 뜻이다.

이처럼 종교를 믿는 사람이 예수를 자랑하거나 부처에 빠져서 자랑을 일삼다 보면 결국엔 종교에 발목이 잡혀서 평생 거기서 빠져나오지 못하게 된다. 그렇게 되면 가족도 이웃도 동료도 다 버리고 마는 어리석음에 빠지게 된다.

예수와 부처를 제대로 알면 내 것으로 유용하게 쓸 수 있지만 믿기만 하면 오히려 해가 된다. 무엇이든지 자랑하는 순간 스스로 발목이 잡혀 결국 헤어나지 못하게 된다.

자랑만 늘어놓는 사람은 실속이 없고 생각의 깊이가 아주 얕기 때문에 되도록 상대하지 말아야 한다.

너는 위아래도 없냐?

요즘에는 "넌 위아래도 없냐?"라는 말이 사라졌다. 1990년대 신군부가 물러나고 민주화된 이후 수직적인 관계에 반발이 생기고 개인의 인격이 존중되면서 '위아래'의 개념이 많이 희미해졌다.

일반적으로 '위아래'라는 말은 가정에서는 어른과 아이, 직장에서는 상사와 부하, 학교에서는 선배와 후배 사이를 가리킨다. 이 말에는 다분히 권위적인 뜻이 담겨 있다. 예를 들어 버릇없이 구는 아랫사람을 두고 윗사람들이 "저놈은 위아래도 없어?"라고 꾸짖는다.

그렇다면 윗사람, 아랫사람이란 개념이 과연 사라져야 할까? 절대로 아니다. 부모가 없으면 자식이 없고, 상사가 없으면 부하직원이 없으며, 선생님이 없으면 학생도 없다. 이렇듯 위아래가 분명하고 관계가 물 흐르듯 해야만 사회가 건강하다.

그런데 지금 한국은 어떤가? 모든 부문에 걸쳐 상하관계가 뒤

틀리다 보니 교육체계가 급격하게 무너졌다. 위아래가 없으니 인성교육이 제대로 될 리 없다.

기업과 군대 같은 조직에서는 상하관계가 절대적이다. 만약 기업에서 부하직원이 상사의 지시를 제대로 이행하지 않거나 군인이 상관의 명령을 따르지 않으면 그 조직은 오합지졸이 된다. 가정에서도 자식이 부모의 말을 듣지 않고 멋대로 행동하면 가정교육이 제대로 될 리 없다.

요즘 우리 사회에는 정말 위아래가 사라지고 없다. 오죽하면 내가 이런 말을 하겠는가?

대통령이 아무리 잘못된 정책을 펼친다고 하더라도 국민의 손으로 뽑았는데 언론들이 험한 말을 쏟아내는 건 보기도 좋지 않을뿐더러 심히 부끄러운 짓이다. 아무리 잘못한 일이 있더라도 최소한의 예의를 지키라는 것이다.

찬물을 마실 때도 순서가 있듯이 사회에는 위아래가 있다. 윗사람은 아랫사람을 항상 진심으로 대하고, 아랫사람은 윗사람을 존경하는 마음으로 대해야 한다. 그래야만 기업이 잘되고 나라가 잘된다. 지금 우리 사회가 분열로 치닫는 것은 위아래가 없기 때문이다.

코로나 시대를 사는 방법

올해 초 한 종교단체를 중심으로 크게 번졌던 코로나바이러스가 5개월 만에 수도권 교회를 중심으로 대유행 조짐을 보이자 온 나라가 긴장했다. 종교인들이 종교 행위를 우선시하며 국가 방역체계에 도전함으로써 국민들에게 원망의 대상이 되었다.

감염병으로 인한 사회적 거리두기가 장기적으로 요구되고 있는 요즘, 공공의 안녕과 종교적 신념 중 어느 것을 우위에 둬야 할까? 공공의 안녕을 위협하지 않으며 종교적 신념을 바르게 지켜갈 수는 없는지 뜻있는 종교인들이 많은 고민을 하고 있다.

이제 과학시대에 걸맞은 종교관을 재정립할 시기가 되었다. 그러나 종교에 대해서 그 누구도 꿀 먹은 벙어리처럼 쉽사리 말하지 못한다. 종교세력이 정치와 밀접한 관계인 데다 그 세(勢)가 막강하기 때문인데 그렇다고 종교인들의 일탈을 그냥 보고만 있을 수 없다는 것이 국민들의 생각이다.

물론 나로서도 전통적인 종교의 가치관에 대해서 왈가불가하고 싶지는 없다. 하지만 무분별한 종교 행위들은 전염병이 도는 이 시점엔 사회적 합의에 따라 자제하는 것이 종교적 도리라는 것에 대해서는 이견이 없다.

다만, 인간이 달나라에 가는 첨단 과학의 시대에 우리 지식인들이 눈에 보이지 않는 신에게 무릎 꿇고 기도하는 것이 과연 합당한가? 이 문제에 대해 한 번쯤 심각하게 고민할 필요가 있다. 이제는 정말 종교가 무엇이고 신이 무엇인지 다시 한번 생각해 볼 때가 되었다.

어지러운 마음을 편안하게 하고 싶다면 종교생활이 적합하다. 그러나 종교에 대한 맹신을 부추기는 몇몇 성직자들이 문제이다.

믿음이라는 것은 의지의 소관이며 안다는 것은 지식을 쌓아가는 과정이다. 믿음과 앎은 서로 상충한다. 따라서 종교가 무엇인지 안다는 것은 믿음을 더 굳건하게 하는 요인으로 작용할 수 있다. 맹신이라는 함정에 빠지지 않으려면 종교에 대해 먼저 알아야 한다.

이기적인 사람이 되지 말라

사람이 이기적인 것이 아니라
돈이 사람을 이기적으로 만든다.
본디 이기적인 사람은
에너지의 질량이 매우 낮으므로
시간이 지나면 자연스럽게 도태된다.
그러므로 이기적인 사람에게는
손톱만큼도 관심을 갖지 말라.
그냥 이기적인 대로 살게 내버려두라.

떠나는 사람을 붙잡지 말라

떠나려는 사람을
자꾸 붙잡으면 더 달아난다.
집착은 또 다른 집착을 낳으니
떠나려는 사람은
그냥 가게 놓아두라.
미련을 갖지 않고 놓아버리면
언젠가 돌아올 수도 있지만
한번 마음이 떠난 사람은
설령 돌아온다고 해도
이미 내 사람이 아니다.

타인을 존중하는 법칙

타인을 존중하는 건
나를 존중하는 것이다.
타인을 하찮게 여기는 건
나를 하찮게 여기는 것이다.
존중은 존중을 부르고
하찮음은 하찮음을 부른다.

타인의 에너지를 끌어내라

아무리 일을 못하는 사람일지라도

그만의 재주와 에너지를 가지고 있다.

일을 못한다고 지적만 하지 말라.

능력 있는 상사는 직원의 장단점을 잘 살펴서

에너지를 최대한 끌어낼 줄 안다.

일 못하는 목수가 연장을 탓하듯

일 못하는 상사가 직원을 탓한다.

가면과 본색

늙는다는 것은

늙는다는 건 슬퍼할 일이 아니다.
우아하게 변하고 있는 것이다.
쓸데없는 것에 눈길을 주지 말고
항상 긍정적으로 생각하라.
세상의 일들은 매우 단순한데
나 혼자 복잡하게 생각하는 건 아닌지
자신을 돌아보라.

인간의 고집에 대하여

미국 대선이 바이든의 승리로 끝났다. 그런데 트럼프는 우편투표가 부정이라 주장하며 패배를 인정하지 않고 고집을 피웠다.

나는 미국 대선 결과에는 별 관심이 없지만 '고집'이라는 단어에는 꽤 관심이 많다. 심리적으로 보면, 고집은 화자(話者)가 최초의 생각을 마음에 두고 있다가 그것을 그대로 밀고 나가는 행위로서 자신의 의견을 바꾸지 않고 굳게 버틴다는 의미이다. 따라서 자존심과는 근본적으로 다르다. 대개 이 말은 부정적으로 쓰인다.

그렇다면 고집은 인간에게만 있고 동물에게는 없을까? 그렇지 않다. 말과 소, 개 등 뇌를 지니고 있는 포유동물도 고집이 있다. 다만 인간은 고집을 스스로 제어할 수 있다는 것뿐이다.

지금까지 나는 고집이 있는 사람을 단 한 명도 만나지 못했다. 아무리 고집이 세다 해도 내가 만나보면 전혀 그렇지 않았다. 왜

냐하면 고집을 부리는 것도 상대방에 따라서 달라지기 때문이다.

대개 고집은 상대방이 생각과 논리를 인정해주지 않으면 생기는데 이때 그의 생각을 인정해주면 고집이 쉽게 꺾인다. 상대방의 고집을 꺾을 어떤 대안이나 능력을 갖추고 설득하면 수긍하기 마련이다. 한마디로 내가 상대방을 제압할 실력이 부족하기 때문에 고집을 부리는 것이다.

예를 하나 들어보겠다.

초등학교 1학년 딸이 비싼 스마트폰을 사달라고 한다면 어머니는 당연히 딸의 고집을 꺾을 대안을 가지고 있어야 한다. 그런데 스마트폰을 사주지 못하는 이유를 설명하지 않고 무조건 윽박지르거나 무시하면 어떻게 될까? 당연히 딸은 어머니를 원망한다. 딸의 고집을 꺾을 마땅한 대안이 없으면 스마트폰을 사주어야 한다. 스마트폰을 사달라고 고집을 피우는 딸의 잘못이 아니라 납득시키지 못하는 어머니의 능력 부족이라는 말이다.

아직은 스마트폰이 왜 필요하지 않는지에 대해서 어머니가 차근차근 설명해줘야 수긍하고 고집을 피우지 않는데 고집을 꺾는 방법을 모르니까 딸이 자꾸 반항하게 된다. 딸을 설득하지 못하는 건 어머니가 공부가 되어 있지 않기 때문이다. 아무리 고집 센 딸도 어머니가 잘 설득하면 수긍하게 되어 있다. 만약, 딸을 이해시키지 못한다면 스마트폰을 사주는 것이 낫다. 그러지 않으면 딸은 어머니를 영원한 고집쟁이로 보고 나중에는 마음조차 멀어지게 된다. 이것이 바로 고집의 원리이다.

다시 미국 대선으로 돌아가보자.

대선에서 승리한 바이든이 패자인 트럼프를 완전히 제압할 수 있는 실력이 없으면 트럼프는 선거에서 지고도 고집을 피울 것이다. 상대방의 사고를 변화시킬 수 있는 실력을 내가 갖추고 있지 못하면 상대는 고집을 꺾지 않는다.

누군가를 대할 때 "고집이 세다"고 말하면 그를 무시하는 것이 된다. "당신은 왜 그렇게 고집이 센가?"라고 물으면 상대가 어떻게 대답할까? 자신은 고집이 센 사람이라고 절대로 말하지 않을 것이다.

물론 고집이 필요할 때도 있다. 하지만 자신의 생각이나 논리가 잘못된 것임을 알았다면 고집을 버려야 자기 성장에 도움이 된다. 그러나 사람들은 자신의 잘못을 알고도 끝까지 고집을 피운다.

고집이 센 사람은 자기주장이 매우 강해서 남의 말을 받아들이지 못한다고 생각하지만 사실은 그렇지 않다. 이치에 맞게 설명하고 대안을 제시하면 그들도 더이상 고집부리지 않는다.

고집은 개인의 성장에 필요한 것이므로 고집이 세다고 상대를 나쁘게 평가하는 것은 잘못이다.

조상의 묘를 잘 다스려라

본디 땅은 풍수지리설로 보면 정기가 순환하는 줄인 '지맥(地脈)'을 가지고 있고, 그 지맥에 따라서 기운을 만들어놓고 인연을 기다린다. 그런데 인연이 아닌 사람이 그 땅을 묘로 쓰게 되면 두려움을 주어 쫓아낸다. 그러나 그 땅보다 기운이 센 자가 왔을 때는 쫓아내지 않는다.

돌아가신 부모가 꿈에 자주 나타나는 것은 묘에 누운 주인이 그 땅의 기운을 이기지 못해서 이장해달라는 요청이다. 이럴 때는 묘를 이장해야만 집안에 큰 우환이 생기지 않는다. 묘를 쓸 때 지관(地官)에게 도움을 청하는 것도 이 때문이다. 그러므로 조상의 묘를 쓸 때는 무엇보다도 지맥을 잘 살펴야 한다.

집이나 땅을 살 때도 마찬가지이다. 작은 기운은 큰 기운을 절대 이기지 못하므로 그 땅의 기운이 자신과 맞는지 잘 살펴야 우환이 없다. 땅이나 집을 잘못 사면 병을 얻든가 사업이 망하든가 여러 가지 무서운 일이 발생할 수 있다.

특히 기업을 운영하거나 큰일을 하는 사람은 조상의 묘를 쓰거나 집을 살 때 더 신중해야 한다. 만약, 집안에 우환이 생기거나 몸이 아프면 기운이 아주 큰 사람을 찾아가서 물어보는 것이 좋다.

땅은 천기(天氣)와 지기(地氣)가 연결되어 있는 곳이 좋지만 사람의 기운과도 맞아야 한다. 출세한 사람이 많이 나온 자리라고 해서 기운이 맞지 않는 머슴 같은 자가 욕심 내서 그 땅을 묘로 쓰면 나중에 병을 얻을 수도 있다.

인생의 내비게이션

요즘은 자동차를 몰 때 으레 내비게이션을 켠다. 목적지를 입력하면 경로와 소요시간이 표시되고 상냥한 목소리가 길을 안내한다. 참으로 편리한 과학시대에 우리는 살고 있다.

내비게이션은 옛날 뱃사람들이 사용했던 나침반과 지도에서 착안한 IT 기기로서 일종의 자동항법장치이다. 최근에는 운전자들에게 없어서는 안 될 필수 길잡이가 되고 있다.

그런데 내비게이션도 운전자가 출발지점에서 가장 먼저 해야할 일이 있다. 정확한 목적지를 입력해야 경로와 소요시간이 나타난다. 요즘 나는 인생이 마치 자동차의 내비게이션 같다는 생각을 한다.

자신이 원하는 어떤 일에 대한 성취를 목적지로 정하고 나이, 학력, 경력, 능력 등을 입력하면 그곳에 당도하는 데 걸리는 시간이 화면에 나타난다면 어떨까? 또한 내비게이션처럼 잘못된 길로 들어서면 경고 신호가 와서 가던 길을 멈추고 인생의 새로운 길을 다시 찾을 수 있다면 얼마나 좋을까? 안타깝게도 우리 인생은 내비게이션처럼 목적지까지 가는 동안 위험신호를 예고해주지 않는다.

그런데 인생에 도달해야 할 목적지가 없다면 아무리 좋은 내비게이션이 있다고 해도 무용지물이다. 인생의 방향이 정해져 있지 않다면 미래가 암담할 수밖에 없다. 지금 우리가 어디로 가고 있는지도 모르는데 1년 후, 5년 후를 어떻게 알겠는가?

요즘은 최고로 꼽는 것들에 '인생'이란 단어를 붙여 표현한다. 예를 들면 '인생맛집' '인생사진'같이 인생을 붙인다. 그런데 정작 자신의 '인생목표'를 확고하게 정한 사람은 그리 많지 않다.

젊은이들에게 "꿈이 무엇이냐"고 물어보면 당황하기 일쑤다. 이런 질문을 하면 오히려 꼰대 취급을 받는다. 꼰대가 돼도 상관없지만 젊은이라면 삶의 목표와 꿈 하나 정도는 가지고 있어야 하지 않을까?

《피로사회》의 저자 한병철은 "잠이 육체적 이완의 정점이라면 깊은 심심함은 정신적 이완의 정점이다. 단순한 분주함은 어떤 새로운 것도 낳지 못한다."고 했다. 그는 무엇을 말하는 것일까? 습관처럼 행하고 있는 분주함에서 잠시 탈출해 자신을 '깊은 심심함' 속에 놔두고 스스로 질문을 던져보라.

"너는 무엇을 잘하니?"

"너는 어떤 것에 행복을 느끼니?"

세상을 사는 방법에는 정답이 없다. 하지만 누군가가 질문을 던지면 적어도 자신의 꿈에 대해서는 뚜렷한 답을 가지고 있어야 한다. 꿈이 없는 사람은 미래도 없으며, 그 사회는 죽은 사회나 마찬가지이다.

꿈은 거창한 것이라고 생각하지만 그렇지 않다. 누구든지 자신이 잘하는 일 하나쯤은 있다. 그것은 오직 자신만이 안다. 그런데 '자신이 잘하는 일'을 하지 않고 '주변에서 좋다고 하는 일'을 하려고 애쓰다가 시간과 에너지를 낭비하고 있는 것이다.

나 자신이 가장 중요하다. 나에게 던진 질문에 대한 답은 남이 찾아주는 것이 아니라 오직 나 자신만이 찾을 수 있다. 그러므로 자신의 꿈을 포기하지 말고 미래를 위해 앞으로 나아가야 한다.

삶의 내비게이션은 늘 켜져 있다. 가다 보면 길을 안내해주는 사람이 나타날 것이다.

5장

정법의 길

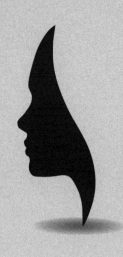

정법의 길은
홍익인간 창출에 있다

정법(正法)은 세상을 살아가는 바른길을 가르쳐준다. 그렇다면 무엇이 정법일까?

종교는 사람들에게 착하게 살라고 가르친다. 하지만 그게 전부가 아니다. 착하게 살다 보면 오히려 삶이 어려워진다. 착한 것이 능사가 아니라 바르게 살아야 한다. 그렇다면 어떤 길이 바른길인가? 대자연의 법칙과 사회법을 어기지 않고 열심히 사는 것이다.

대자연의 법칙은 곧 순리를 뜻한다. 아침이면 해가 뜨고 저녁이면 해가 진다. 봄이면 나무에 푸른 잎이 돋아나고 가을이면 잎이 지듯이, 대자연은 한 치 어긋남이 없다. 이처럼 사람도 순리를 따라서 바르게 살면 된다.

종교도 마찬가지이다. 예수와 부처의 가르침이 뭔지 알고 거기에 맞게 살아가면 된다. 우리가 사회법을 알면 그걸 잘 쓸 수 있듯이, 종교도 알고 나면 잘 쓸 수 있다는 뜻이다.

세상에 사이비 종교가 끊이지 않는 것은 하나님과 부처님을 제대로 알지 못하고 무조건 맹신하는 사람들이 많기 때문이다. 이 세상에 존재하는 모든 것은 인간이 유용하게 쓸 수 있도록 대자연이 만들어놓은 것이다. 그런데 우리가 그걸 제대로 활용하지 못해서 환경이 오염되고 홍수가 나고 불이 난다.

정법은 대자연의 법칙을 있는 그대로 받아들여서 세상에 존재하는 모든 것을 이롭게 하는 법이다. 그런데 인간이 대자연의 법칙을 무시하고 무분별하게 살기 때문에 어려움에 처하고 날마다 헤매고 있는 것이다. 그러므로 하나님도, 예수님도, 부처님도, 알라도 대자연의 법칙을 알아가는 것이 매우 중요하다. 이것이 바로 정법 공부이다.

공부를 제대로 하면 세상을 살아가는 데 어려움이 없다. 정법을 잘 써서 사람을 널리 이롭게 할 수 있기 때문이다. 남을 이롭게 하면 자연스럽게 내가 잘되고, 가족과 이웃이 잘 살게 된다. 이보다 더 유용한 공부가 어디 있겠는가?

우리가 알고 있는 지식도 잘 쓰면 좋지만 제대로 못 쓰면 자신의 발등을 찍게 된다. 열쇠공이 그 기술을 금고털이에 이용하면 도둑놈이 되듯이, 자신이 가진 지식을 엉뚱한 데 쓰면 결국 자신이 크게 다친다. 그러므로 자신이 가진 지식의 가치를 스스로 알고 있어야 한다. 그러지 못하면 지식에 발목 잡혀서 인생이 고달

　　　　　　　　　　　　　　　　　가면과 본색

파진다.

자신이 가진 지식이나 기술을 얼마나 적절하게 쓰느냐에 따라 우리의 인생이 달라진다.

정법 공부를 왜 해야 하는가

정법은 바른 공부다.
착하게 살라는 것이 아니라
베풀면서 살라는 것이 아니라
세상을 바르게 사는 공부다.

정법을 공부하면
에너지의 질량이 높아져서
모든 이해타산에 초연해진다.
안달하거나 조바심내지도 않는다.

애착을 가지지 말고
요행을 바라지 말고
욕심을 가지지 말고

가면과 본색

남 앞에서 잘난 척하지 말라.

오직 자기만의 실력을 갖춰라.
실력을 갖추면 누구나
내 앞에 무릎을 꿇는다.
이것이 정법의 힘이다.

화가 화근이 된다

화는 '화근(禍根)'이 되어
반드시 자신에게 해(害)로 돌아온다.
남에게 백 번 잘하다가도
단 한 번의 분노로
공든 탑이 무너질 수 있다.
화를 다스리는 것보다
중요한 일은 이 세상에 없다.

욕심이 없다는 것도 욕심이다

욕심 중에서도 가장 큰 욕심은
내 방식과 내 생각대로
남들이 따라주길 바라는 것이다.
이건 남의 인생을 내 마음대로
가지고 놀려는 것이나 다름없다.

자기는 욕심이 없다고
말하는 사람이 있다면
그 자체가 욕심임을 알아야 한다.
진정한 비움은 욕심이라는
말조차 뛰어넘는 것이다.

뿌리는 죽지 않는다

식물의 잎이 마르고
줄기가 시들어도
뿌리가 있으면
다시 잎이 돋아나듯이
뿌리가 강한 사람이 되어야 한다.
자기만의 뚜렷한 주관과
신념이 없는 사람은
죽은 식물이나 다름없다.

아픔이 우울증을 만든다

　우울증은 영혼이 상처를 받거나 영혼의 질량이 낮을 때 발생하기 쉽다.

　의사들에 따르면, 남성보다는 여성이 우울증을 더 많이 겪는다고 한다. 그 이유는 행복 호르몬으로 불리는 세로토닌이라는 뇌 신경 전달물질의 합성률이 남성에 비해 4배나 적기 때문이라고 한다. 세로토닌은 기분 같은 감각작용과 수면, 식욕, 행동 등에 많은 영향을 끼치는 물질이다. 이 때문에 여성은 스트레스를 받거나 안 좋은 일이 있으면 급격한 호르몬의 변화로 쉽게 우울증에 빠지고, 심한 경우 자살에 이르기도 한다. 이것이 의학적으로 밝혀진 우울증에 관한 연구 결과이다.

　현대 의학이 연구를 통해 병의 원인을 밝혀내고 있지만 과연 이것만이 전부일까? 인간의 감정은 매우 섬세하고 우주적이다. 따라서 의학적으로는 완전히 조절하지 못하지만, 환경을 개선하는 것 등을 통해서 얼마든지 감정을 조절하고 우울증을 극복할 수 있다.

우울증에 걸리면 멀쩡한 사람도 죽으려고 하는데 무엇 때문일까? 영혼의 질량이 낮아서 몸이 제대로 힘을 못 쓰기 때문이다. 우울증은 돈이 억만금 있는 사람도, 학식이 많은 사람도, 명예가 높은 사람도, 인물이 좋은 사람도 피해 가지 않는 참으로 무서운 병이다.

최근 조사를 보면 한국 여성의 절반이 우울증에 걸렸다고 한다. 멀쩡한 여성들이 우울증에 걸리는 이유는 눈만 뜨면 바뀌는 교육정책과 치솟는 집값, 불확실한 경제정책 때문이라고 한다.

옛날 부모들은 자식들을 줄줄이 낳고 키우느라 우울증이 뭔지도 모르고 살았다. 그저 자식들을 굶길까 봐 그게 걱정이었다. 그런데 지금은 어떤가? 자기 자식을 서로 좋은 대학에 보내려고 혈안이 되어 있다. 자기 자식이 남보다 좋은 대학에 못 가면 그것 때문에 우울증에 빠진다고 할 정도이다. 어디 그뿐인가? 남편이 승진에서 누락돼도 우울증에 빠진다고 한다. 그러니 한국 여성 절반이 심각한 우울증에 빠졌다는 것이다.

남들보다 넓은 집에서 외제차를 끌고 펑펑거리며 살고 싶은데 그러지 못해서 우울하다면 과연 이것이 우울증일까? 그저 울화통일 뿐이다. 우울증은 자신의 삶에 그 어떤 가치도 느끼지 못할 때 찾아온다. 잘살고 못살고의 문제가 아니라 얼마나 가치 있는 삶을 사느냐에 달려 있다.

우울증은 자신이 만드는 것이다. 즐거운 마음으로 남을 위해서 일한다는 마음을 가지면 저절로 기분이 좋아진다. 이런 사람에게는 우울증도 찾아오지 않는다.

최고의 밑천

내가 원하는 것이 있다면

적어도 밑천을 30% 갖추고 있어야 한다.

이를 바탕으로 열심히 노력해 70%가 되면

나머지 30%는 저절로 이루어진다.

그런데 대부분의 사람들이

밑천 만들기를 매우 어려워한다.

밑천을 만드는 최고의 방법은

신용과 성실함이다.

이것이 최고의 밑천임을 잊지 말라.

가면과 본색

자신의 단점도 사랑하라

누구나 장단점을 가지고 있으며
각자가 지닌 소질과 근기가 다르다.
남의 단점을 보고 내가 느끼면
나를 일깨워주는 공부가 되고,
내가 가진 단점도
남을 일깨워주는 공부가 된다.
이 세상에 완벽한 사람은 없다.
자신의 단점도 사랑하라.

젊은이여, 꿈을 크게 가져라

요즘 젊은이들은 기성세대에 불만이 가득하다. 한국 경제가 빠르게 성장할 때에는 누구나 열심히만 하면 그에 따른 보상을 받았지만 지금은 그런 기회조차 없다고 투덜거린다. 심지어 나이 많은 상사들이 터줏대감처럼 물러나지 않고 버티고 있으니 자신들은 어지간해선 승진의 기회조차 잡을 수 없다고 불만이다.

젊은이들의 마음을 이해하지 못하는 건 아니다. 하지만 능력 있는 젊은이는 그런 환경을 오히려 좋은 기회로 삼고 진력하여 더 높은 곳으로 올라간다. 여기에서 능력이란 남보다 일을 똑 부러지게 잘한다거나 실적이 뛰어나다는 것만은 아니다. 상사의 지시를 잘 따르고 동료들과 잘 지내는 것도 그 사람이 가진 능력이다. 이것은 아무나 지닐 수 있는 성품이 아니다.

그리고 젊은이들이 간과해선 안 될 게 있다. 나이 많은 상사들이 그냥 앉아서 월급을 축내는 것처럼 보이지만 결코 아니라는 것이다. 그들은 오랜 경험을 바탕으로 젊은이들이 하지 못하는 일을 짧은 시간 안에 해결하는 나름의 능력을 가지고 있다. 그래서 '구관이 명관'이란 말을 하는 것이다. 그들은 오랫동안 쌓아온 경험과 인맥이 있어서 필요할 때 유용한 카드로 쓴다. 이것이 바로 나이 많은 상사들이 기업에서 퇴출되지 않고 대우받으면서 그 자리에 앉아 있는 이유이다. 차근차근 경험과 인맥을 쌓아가다 보면 10년, 20년 후에는 자신도 그런 모습이 될 수 있다.

내가 젊은이들에게 하고 싶은 말의 요지는 이것이다. 상사들이 경험한 것을 빠르게 배우고 익혀서 그들의 경험과 인맥을 내 것으로 하나씩 만들어가라는 것이다. 이것이 바로 성공의 지름길이다. 누군가는 그것을 두고 아부라고 생각할지 모르겠지만 절대로 아니다. 이것도 능력이다. 남들은 다 하는데 그조차 못한다면 동료들보다 뒤처질 수밖에 없다.

다들 알겠지만, 신입 시절의 개인적인 능력은 종이 한 장 차이에 불과하다. 하지만 날이 갈수록 경험과 인맥이 쌓이며 동료들과 격차가 점점 벌어진다. 이를 모르면 직장에서 뒤처지기 쉽다. 지금부터라도 미래를 위해 실력을 갖추고 인맥을 쌓아라.

부부란 무엇인가

부부는 의지하는 관계가 아니라

서로 돕고 사는 관계가 돼야 한다.

서로 의지하면서 사는 것이

큰 득이 되는 것 같지만

어려움은 어려움을 낳기 때문에

늙을수록 의지하는 건 좋지 않다.

부부는 동반자이므로 평생

서로 존중하면서 살 의무가 있다.

나중에 죽어서 영혼이라도 함께하려면

이와 같은 마음으로 살아야 한다.

이것이 바로 부부라는 관계이다.

욕심과 고집

남에게 욕심을 드러내는 건
자신의 모순을 드러내는 것이다.
이는 남을 포용하지 못하는 행동으로
지나치면 좋은 인연을 맺을 수 없다.

고집을 버린다는 건
남의 마음을 이해하고
온전히 받아들인다는 뜻이다.

욕심은 모순을 만드는 원인이므로
상대방도 욕심으로 나에게 다가온다.
그러나 내가 먼저 욕심을 버리면
상대방도 깨끗이 승복하고 다가온다.

인간관계는 상대적인 것이다.

좋은 인연을 맺으려면

고집과 욕심을 버리고

마음을 티 없이 청소해야 한다.

최고의 영약은 말이다

최고의 영약은 입에서 나오는 말이다.

"당신이 최고예요."
"사랑해요."
"잘될 거예요."
"성공할 수 있어요."
"수고했어요."

좋은 말이 최고의 영약이다.
슬픔에 빠진 이에게는 위로가 되고
상처받은 사람에게는 용기가 된다.

큰 부자가 되고 싶다면

큰 부자가 되고 싶으면
큰 뜻을 품어라.

하늘에서 내리는 빗물도
그릇이 작으면
많이 받아내지 못하듯이
눈앞의 작은 것에 연연하면
큰일을 할 수 없다.

큰 부자가 되려면
뜻이 하늘처럼 넓고 높아야 한다.

사장이라는 명패를 떼야
돈을 벌 수 있다

기계설비업을 하는 중소기업 사장과 대화한 적이 있다. 그는 일거리는 꾸준히 있는데 생산성이 떨어져서 매출이 자꾸 감소한다고 하소연했다. 정부의 주 52시간 근무제가 문제라고 했다. 기계 제작은 집중적인 근무가 필요한데 하던 일을 중단하면 그만큼 생산성이 떨어진다는 것이다.

주 52시간 근무제가 실시된 이후 이런 곤란을 겪는 기업이 한두 군데가 아니다. 정부가 기업의 논리를 몰라도 너무 몰라서 그렇다. 물론 노동자의 생활을 보장하기 위한 시책이지만 일의 성격에 따라서 차등적으로 시행했다면 좋았을 것이다.

대형 마트나 서비스업은 주 52시간 근무체제로 바꾸는 것이 나을 수 있다. 그러나 제조업과 IT 산업 등은 고도의 집중력이 요구된다. 납품이나 제품 출시까지 촌각을 다퉈야 하는 상황인데 연장근무를 할 수 없다는 것은 회사에 막대한 손실이다. 개중에는 악덕 기업도 있을 수 있지만, 빈대 잡겠다고 초가를 다 태우는 건 잘못된 정책이다.

그런데 여기서 생산성이 떨어지는 이유가 혹시 사장 자신에게 있는 건 아닌지 생각해봐야 한다. 일감은 많은데 생산성이 떨어진다면 바로 리더에게 문제가 있는 것이다.

내가 그 대표에게 물었다.

"일감이 많은데 왜 힘들어?"

"아이고 말도 마세요. 퇴근 30분 전만 되면 직원들 엉덩이가 들썩거립니다. 옛날 저희 때는 그런 게 어딨었나요. 일이 없어서 문제였지, 일만 있으면 신이 나서 밤늦도록 일했습니다. 요즘 젊은 친구들은 그런 게 없어요."

"내가 보기에 그건 직원들 문제가 아니라 바로 당신이 문제야."

"예? 제가 문제라고요?"

"자네 집에 아이들 있지? 공부 안 하는 자식에게 용돈을 듬뿍 주면 공부해, 안 해?"

"그때뿐이고 하는 척만 하겠죠."

"마누라한테 생활비 말고 용돈 주면 좋아해, 안 해?"

"스승님도 참…… 돈 안 좋아하는 마누라가 어딨겠어요."

내가 웃으면서 말했다.

"직원들에게도 그렇게 좀 해봐. 급여는 못 올려줘도 가끔 불러

서 격려도 하고 밥 사 먹으라고 용돈도 줘봐. 잔소리하지 말고
그냥 주라는 거야. 그게 리더가 할 일이야."

그랬더니 그가 막 웃었다.

"사장이 돈 버는 시대는 이제 지났어. 돈은 사장이 버는 게 아
니라 직원들과 합심해서 함께 버는 거야. 자넨 아직 사장 공부가
덜 됐어."

사장이라면 꼭 해야 할 것이 있다. 그게 뭘까? 바로 사장 공부
이다. 작은 식당이나 소규모 기업을 운영한다고 해도 사장은 사
장이다. 아무나 사장이 될 수 없고 누구나 사장이 되는 것도 아
니다. 그것도 능력이 있어야 한다.

사장 공부라고 해서 대학에 가 경영학을 배우라는 얘기가 아니
다. 현장에서 직원들과 소통하면서 배우라는 말이다. 사장이 되
면 자세부터 달라져 거들먹거리는데 그게 잘못이다.

사장도 3년은 공부해야 한다. 그리고 7년이 지나야만 비로소
사장으로서의 품격이 드러난다. 채 1년도 공부하지 않고 사장이
됐다고 큰소리치면 그 자리가 위협을 받을 수 있다.

사장만이 아니라 모든 자리가 그렇다. 자신이 맡은 직책에 걸
맞게 업무를 처리할 때 비로소 사장도 되고, 상무도 되고, 부장
도 되고, 팀장도 될 수 있다. 명색만이 아니라 자기 자리에서 능
숙하게 일할 때 비로소 그 자리가 자신의 몸에 맞는다는 뜻이다.
자신이 할 일을 능숙하게 하면 누구나 존경받을 수 있다.

사장이 할 일과 팀장이 할 일, 대리가 할 일과 사원이 할 일이 따로 있다. 잘되는 회사는 직책에 맞게 일이 원활하게 돌아간다. 팀장이 할 일을 대리가 한다든가, 대리가 할 일을 팀장이 하는 회사는 성장을 기대하기 힘들다. 각자가 자기 자리에서 자신의 질량에 맞게 일하는 회사가 성장한다.

중소기업 사장에게 다시 물었다.

"회사를 운영한 지 얼마나 됐나?"

"2년쯤 됐습니다."

"그럼 1년만 더 해봐. 내가 시키는 대로 하면 금방 좋아질 거야. 사장의 고충을 직원들에게 허심탄회하게 털어놔. 한 달에 한 번씩 점심을 사 주면서 함께 노력하자고 부탁해봐. 진심으로 얘기하면 틀림없이 달라질 거야. 직원들에게 불평만 하는 사장치고 잘되는 회사는 없어."

"네, 명심하겠습니다."

그의 얼굴에 미소가 번졌다.

아무리 작은 회사라도 사장이 사장의 도리를 다하고, 직원이 직원의 도리를 다하면 그 회사는 발전할 수밖에 없다. 회사가 성장하려면 사장이 직원들에게 어떤 일이든 강요해선 안 되고 그들을 이해시켜야 한다.

가면과 본색

덕담을 아끼지 말라

후배나 친구, 동료들에게
덕담을 아끼지 말라.
좋은 말과 칭찬을 건네는 데는
비용이 단 1원도 들지 않는다.

좋은 말에 인색하지 말라.
덕담을 많이 하면
상대방도 좋아지지만
궁극적으로 내가 잘된다.

덕담을 듣고자 할 때는

새해에 덕담을 듣고자 할 때
주위의 말만 듣고 부화뇌동하여
성직자나 널리 알려진
유명인을 찾는 사람들이 있다.
그러나 이는 어리석은 일이다.

제대로 알지도 못하는 사람에게
덕담을 구하는 것은 좋지 않다.
내가 존경하는 분을 찾아가서
덕담을 들어야 좋은 에너지를 얻는다.

이때도 명심해야 할 것이 있다.
그 사람이 병에 걸렸다든지

안 좋은 일을 겪고 있을 때는
찾아가지 않아야 한다.
그 사람이 가진 나쁜 에너지가
나에게 옮겨올 수 있기 때문이다.

마찬가지로, 지금 자신이
안 좋은 일을 겪고 있다면
아랫사람에게 조언하는 것을 삼가야 한다.
좋은 기운은 좋은 에너지를 주지만
나쁜 기운은 나쁜 에너지를 주기 때문이다.

행복은 어떻게 오는가

행복은 돈이 많다고 해서

명예가 있다고 해서

권력을 쥐었다고 해서 오는 게 아니다.

쟁취했을 때 느끼는 감정은

그저 좋은 것에 불과할 뿐이지

그것이 행복은 아니다.

그렇다면 행복은 어떻게 오는가?

자신이 해야 할 일을 찾아서

진짜로 했을 때 행복이 온다.

노력은 자기 자신을 위한 것이다

무언가 대가를 바라고
어떤 일을 하는 건
진정한 노력이 아니다.

노력은 자신을 위한 것이지
누가 알아주기를 바라고
한다면 그건 위선이다.

누가 시켜서
억지로 하는 일은
절대로 오래가지 못한다.

내가 원하는 것이 있고

그것을 위해 최선을 다할 때
노력이 빛나는 법이다.

이것이 자기 자신에 대한
최소한의 자존심이다.

자신의 길을 빨리 찾아라

세상에는 수천 가지 직업이 있다.

어떤 사람은 이런 일을 하고

어떤 사람은 이런 일을 하라고

애초부터 정해지지 않았다.

사람에겐 각자의 길이 있다.

자신이 할 일이 무엇인지

빨리 알아차리는 것이

성공의 비결이다.

어느 정도 공부가 되면

자신이 가야 할 길이 보인다.

만약, 길이 보이지 않는다면

아직 공부가 끝나지 않은 탓이다.

자신의 질량에 맞는 일을 하라

어떤 공부를 시작할 때는
나에게 필요한 공부인지
잘 판단해야 허송세월하지 않는다.

일도 마찬가지요,
장사도 마찬가지요,
사업도 마찬가지다.

자신의 질량에 맞지 않는
자질구레한 일을 하고 있다면
아직 성장하지 못했다는 증거이다.

예를 들어 사무실에 마시는 물이 떨어져서

가면과 본색

누군가가 물통을 갈아야 한다고 치자.

만약 사장이나 부장이 물통을 교체한다면

그걸 보는 직원들이 과연 좋아할까?

아마 속으로는 불편할 것이다.

그런데 사장이나 부장이 그 일을 했다면

그는 능력 없는 사장이거나 부장이다.

사람은 자신의 자리에서

질량에 맞는 일을 해야 한다.

그래야 자기가 가진 힘을

온전히 발휘할 수 있다.

자신에게 솔직하라

타인이 솔직하지 않은 모습으로 다가온다면
자신에게 어떤 문제가 있는지 점검하라.

타인이 솔직하지 않은 모습으로 다가오는 건
지금 당신이 처한 환경이 좋지 않기 때문이다.

타인이 솔직해지기를 바라지 말고
당신이 먼저 솔직해져야 한다.

요즘 시대에 침묵은 정말 금일까?

옛 속담에 '침묵은 금'이라고 했다. 침묵이 얼마나 가치 있는 것이기에 금에다 비유할까? 이 속담에 담긴 의미를 한번 생각해보자. 승가에서는 안거 중에 '묵언수행'을 한다. 하지만 나는 신하들이 왕에게 충언을 아끼지 않다가 귀한 목숨을 잃었던 조선시대에나 어울리는 이 격언을 썩 좋아하지 않는다.

자신이 잘 알지도 못하는 일을 두고 함부로 말하는 건 문제가 된다. 하지만 잘못된 걸 알고도 잘못이라 말하지 않고 침묵한다면 그건 더 큰 문제이다. '침묵은 금'이라는 격언은 동전의 앞뒷면처럼 좋고 나쁨의 양면성을 가지고 있다.

요즘 유명한 논객들이 말을 마구 쏟아낸다. 언론은 그들의 말을 검증하거나 여과하지도 않은 채 마구잡이로 퍼다 나른다. 오늘날 침묵이 필요한 것은 논객이 아니라 바로 언론들이다.

반면에, 할 말을 하지 않고 침묵하다가 오히려 역으로 당하는 경우도 종종 있다. 한마디로 '침묵이 똥'이 되는 것이다. SNS가 범람하는 시대에 쏟아지는 가짜 뉴스들은 침묵하는 자에게 큰 피해를 주기도 한다.

'침묵은 금'이라는 말의 참뜻은 어떤 논쟁이 생겼을 때 바로 뛰어들지 말고 차분히 경청한 뒤 현명한 생각을 도출해보라는 것이다. 즉 말을 할 때와 하지 말아야 할 때를 신중히 가리라는 뜻이다. 깊이 생각해서 정말 옳다고 판단된다면 만인을 위해 입을 여는 것도 곧 금이다.

혼자서 모든 일을 할 수 없다

다들 똑똑하다고 자부하지만
모든 일을 혼자서 할 수는 없다.
우리가 매일 먹는 쌀 한 톨도
스스로 농사지은 것이 아니고
밥상에 오른 고등어 한 마리도
스스로 낚아온 것이 아니다.
거기에는 농부와 어부의 수고가 깃들었다.
이것은 매우 중요한 가르침이다.

대자연의 경고를 무시하지 말라

친구나 동료, 이웃에게
나쁜 일이 생긴다면 그것은
대자연이 나에게 보내는 경고이다.

친구나 동료, 이웃이 사기를 당했거나
아프다는 소리가 들리면
그것은 조심하라는 대자연의 경고이다.

화는 늘 작은 것에서
시작되어 크게 번진다.
대자연의 경고를 무시하면
큰일을 당하게 된다.

똑같은 상황이 반복된다면
나에게 어떤 문제가 있는지
내가 무엇을 놓치고 있는지
공부해야 한다.

지금 들리고 보이는
모든 것이 나에게 다가올
가까운 미래임을 잊지 말라.

인류의 참된 지식인은

인류를 움직이는 참된 지식인은
재물을 많이 가지는 걸
행복이라고 생각하지 않는다.
그들은 자신의 일에 답을 찾았을 때
비교할 수 없는 큰 행복을 느낀다.
그러나 오늘날 지식인들은
재물이나 명예 따위에
행복이 좌우되지 않는다는 사실을
잘 알면서도 거기에 집착하여 헤맨다.
이것이 바로 지식의 가면을
쓰고 있는 것이다.

대자연은 이미
우리에게 복을 주었다

인간이 즐겁게 살 수 있도록
대자연은 모든 환경을 만들어주었다.
그런데 인간이 자연을 훼손하여
스스로 곤경에 빠지고 있다.

인간의 이기심에서 비롯된
환경오염이 지구를 병들게 한다.
공기와 물이 오염되는 것은 물론이고
세계를 공포로 몰아넣고 있는
코로나바이러스도 바로 그 때문이다.

대자연은 인간에게
편안한 환경을 만들어줬지만

인간이 눈앞의 욕심으로
스스로 곤경에 빠졌다.

이제라도 늦지 않다.
대자연의 법칙대로
자연을 아끼면서 살면
얼마든지 편안함을 누릴 수 있다.

다이아몬드가 도리어 화가 된다

재물이 많다고, 권력이 있다고
무조건 좋아해서는 안 된다.
질량이 모자라는 사람이
재물과 권력을 넘치게 가지면
도리어 화가 된다.

가령, 값비싼 다이아몬드
목걸이가 있다고 하자.
그걸 목에 걸고 다니다간
강도를 만날 수도 있고,
잃어버릴까 봐 전전긍긍하다
소중한 건강을 잃을 수도 있다.

질량이 모자라는 사람이

다이아몬드 같은 것을 몸에 지니거나

권력을 갖게 되면

돌이킬 수 없는 화를 만날 수 있다.

앞으로의 가족은

가족은 혈연관계가 아니다.
한 지붕 아래 살면서
즐거운 일이 있으면 함께 웃고
슬픈 일이 있으면 함께 슬퍼하면서
만들어지는 관계이다.

혈연은 인연으로 맺어진 관계이다.
서로를 위해 노력하면
선한 인연이 되고,
서로를 미워하고 원망하면
악한 인연이 된다.

가족과 혈연은 근본부터 다르다.

혈연은 피로 맺어진 관계이지만
가족은 사랑으로 맺어진 관계이다.
서로를 아끼고 사랑한다면
누구나 가족이 될 수 있다.

앞으로의 가족은
혈연관계가 아니라 가까이서
나를 성장시켜주는 사람이
진짜 가족이다.

아랫사람을 이해시켜라

화는 자기 자신을 제어하지 못해서
몸속에서 생겨나는 병과 같다.
화의 원인은 자만이며
못난 사람들의 공통된 특징이다.

상대방을 윽박지르거나
무턱대고 화부터 내는 것은
스스로 지혜가 얕고 능력이
부족함을 인정하는 것이다.

무형의 자산이 더 중요하다

얼마 전 삼성그룹 이건희 전 회장이 별세했다. 그가 가족에게 물려준 재산이 무려 18조에 이르고, 그에 따른 상속세만 해도 11조라고 한다. 천문학적인 숫자라서 우리 같은 범부(凡夫)들은 가히 상상조차 하기 힘들다. 오늘날 삼성전자를 세계 1위의 반도체 기업으로 성장시켰으니 그 정도 재산이 있는 건 당연하다.

내가 얘기하고 싶은 건 이건희 전 회장이 가족에게 남긴 유산의 규모가 아니다. 천문학적인 유산이 누구에게 상속되든지 간에 어차피 국외로 빠져나가지 않는 한 한국의 자산이므로 이에 관해서는 왈가불가할 필요도 없다.

그런데 세간에는 그의 유산을 두고 말들이 많다. 한마디로 한심하다. 기업인을 살려야 한국 경제가 산다는 걸 몰라서 그런다. 정치적인 논리로 기업인들을 후려치고 있다. 물론 그룹을 계승한 이재용 부회장이 잘못한 것도 많다.

세상에는 유형의 자산과 무형의 자산이 있다. 우리는 고 이건희 회장이 남긴 자산 중에서 특히 무형의 자산에 주목할 필요가 있다. 그가 자신만 잘 먹고 잘살려고 했다면 삼성을 초일류 기업으로 성장시키지 못했을 것이다. 무엇보다도 그는 부친인 고 이병철 회장이 강조했던 '사업보국(事業報國)'이라는 기업의 이념을 충실하게 이행하려고 애썼다. 그 노력이 오늘날의 삼성을 키워냈다.

고 이건희 회장이 남긴 수많은 무형의 자산은 기업인의 표상이 되고 있다. 그렇다면 그가 남긴 무형의 자산들을 살펴보자.

그전에 먼저 6·25전쟁 이후 빈곤 속에서 한국 경제를 이끈 삼성 이병철, 현대 정주영, 포항제철 박태준 회장을 이야기하지 않을 수 없다. 이들은 한국을 빈곤에서 탈출시키며 세계적인 기업으로 우뚝 세운 주역들이다. 그리고 그들을 아낌없이 지원해준 사람이 바로 박정희 전 대통령이다. 이들이 없었다면 지금의 대한민국은 없다. 이건 누가 뭐라 해도 팩트다. 누가 내게 돌을 던져도 이 생각은 변함이 없다.

지금 한국 경제는 그들이 남긴 무형의 자산을 누리고 있지만 크나큰 위기에 봉착했다. 기업의 창업자인 1대와 계승자인 2대를 거쳐 3대로 넘어가는 위기에 놓였기 때문이다. 옛말에 '부자는 망해도 삼대는 간다'고 했다. 그런데 이 말은 시대에 뒤떨어진 소리이다.

과연 창업자의 후손들이 선대의 기업 이념을 계승할 자질을 갖추고 있는가? 이에 대해서 나는 오래전부터 많은 생각을 해왔다.

대개 기업의 승계는 세 단계로 나누어진다. 창업자인 1대와 계승자인 2대, 그리고 후손이다. 1대가 회사를 창업하면 2대는 잘 경영하여 회사를 키운다. 이때 2대는 선대로부터 물려받은 기업 이념을 70% 이상 계승하면 하늘로부터 힘을 받을 수 있다. 그 후에 3대가 기업의 수장이 되려면 선대의 정신을 이어받음은 물론이고 자기만의 기업 비전을 제시해야 한다.

삼성도 그렇다. 삼성같이 초일류 기업은 회장이 독단으로 경영할 수 없고 모든 임직원이 함께 이끌어가야 한다. 그렇다면 삼성의 3대인 이재용 부회장은 어떤 일을 해야 하는가? 선대가 닦아 놓은 기반을 바탕으로 미래 산업을 주도할 새로운 먹거리를 찾아내야 한다. 이것이 새로운 비전이다. 선대가 쌓은 업적에 그저 숟가락만 올려놓아서는 안 된다. 지금 이재용 부회장에게 남겨진 과제가 바로 이것이다.

이는 이재용 부회장뿐만 아니라 기업을 계승하는 후손들이 가져야 할 마음가짐이다. 선대가 일궈놓은 기업은 그들 개인의 것이 아니라 임직원과 국민들의 것이기에 마음대로 좌지우지할 수 없다는 점을 명심해야 한다.

지금 이재용 부회장이 법정에 서면서 큰 어려움을 겪고 있다. 잘못은 대략 7가지라고 한다. 최순실의 국정농단 의혹, 삼성의 합병 승계 의혹 등인데 크게 분류하면 자본시장법 위반이다. 그룹 승계를 위해 계열사들을 합병하는 과정에서 계열사의 가치를 떨어뜨려 주주들에게 막대한 손해를 입힌 업무상 배임죄가 크다는 것이다. 개인의 이익을 위해 주주들에게 손해를 입혔다면 당연히 반성해야 한다.

외국인들은 이재용 부회장을 법정에 세우는 걸 이해하지 못한다. 정치적인 의도로 해석하기도 한다. 이런 문제는 법으로 해결하는 것만이 능사가 아니다. 삼성의 미래에 한국 경제와 국운이 달렸기 때문이다. 죄를 묻고자 한다면 차라리 벌금형을 선고하는 것이 낫다.

삼성뿐만 아니라 기업의 3대 계승은 여러모로 많은 문제점을 안고 있다. 앞으로 이재용 부회장이 풀어야 할 숙제는 선대의 훌륭한 기업 이념을 계승해 글로벌시대에 걸맞은 새로운 비전을 제시하는 것이다. 이것이 이건희 전 회장이 아들에게 물려준 무형의 자산이다.

회사는 설립하는 순간
사장의 것이 아니다

어떤 사람이 회사를 창업했다. 그는 악전고투 끝에 기업을 성장시켜서 도약할 발판을 아들에게 마련해주고 세상을 떠났다. 아들은 마땅히 아버지가 물려준 기업 이념을 기반으로 회사를 발전시킬 의무가 있다. 만약 그가 기업의 이념을 잊어버리고 방만하게 경영한다면 어떻게 될까? 그 기업은 한순간에 공중분해되고 말 것이다.

회사가 성장하기 위해서는 재투자가 필수적이다. 예를 들어, 직원이 10명인 회사에서 한 해 1억 원을 벌었다고 하자. 이 중에서 사장이 7,000만 원을 가져간다면 회사가 발전할 수 있을까? 절대로 성장할 수 없다. 그렇다면 얼마만큼 재투자해야 할까? 1억을 벌었으면 70%는 회사의 발전을 위해 재투자해야 계속 성장할 수 있다.

삼성을 예로 들어보자. 고 이건희 회장은 부친인 고 이병철 회장이 물려준 기업 이념을 계승 발전시키는 한편, 자신의 비전을 더해 삼성전자를 오늘날 세계 반도체 1위 기업으로 만들었다. 이것은 선대의 기업 이념을 계승 발전시키기 위해 부단히 노력한 결과이다. 만약에 그가 선대로부터 물려받은 기업을 방만하게 경영했다면 오늘날의 삼성은 없을 것이다.

우리나라의 기업을 보면 선대가 물려준 기업을 방만하게 경영했다가 파산한 기업이 부지기수다. 기업이 잘되려면 사장과 리더의 생각이 진취적이어야 한다. 그러지 않고 회사가 자기 것인 양 멋대로 한다면 망하는 것은 불을 보듯 뻔한 일이다. 어떤 회사든지 설립하는 순간 직원들과 이 사회의 것이 된다는 걸 절대 잊어서는 안 된다. 특히 중견 기업일수록 더욱 그렇다.

삼성전자나 현대자동차 같은 대기업은 총수가 주인이 아니다. 국민의 기업이요, 대한민국의 기업이다. 기업인들의 노력이 컸지만 국민의 힘도 있었다는 걸 간과해서는 안 된다.

기업인들이 이를 착각하면 아무리 일류 기업이라도 하루아침에 망할 수 있다. 국민이 있었기에 오늘날의 삼성과 현대가 있고, LG가 있고 SK가 있는 것이다. 기업이 국민과 함께 가야 더 큰 발전을 이룰 수 있다.

그룹의 총수와 CEO는 세상을 바라보는 관점 자체가 달라야 한다. 해외에 공장을 세워서 수출을 늘리는 것은 CEO가 할 일이지만, 그룹의 총수는 그룹 전체를 바라볼 수 있는 넓은 안목을 가져야 한다. 그런데 우리나라 기업인 중에 그 정도 안목을 가진 인물이 과연 몇이나 될까? 그저 자식들에게 재산을 물려줄 생각만 하고 있지는 않은지 묻고 싶다. 기업을 계승하겠다면 미래를 볼 줄 아는 넓은 안목으로 새로운 비전을 제시해야 한다.

그리고 정부는 삼성의 상속세를 30%만 거두는 게 맞다. 나머지는 기업이 연구개발에 재투자할 수 있도록 기회를 줘야 한다. 정부가 상속세로 몽땅 걷어가면 그동안 노력한 것이 헛수고가 될 수 있다. 때로는 국가도 법의 테두리 내에서 융통성을 발휘해야 한다. 그러지 않으면 기업인들이 상속세를 아끼기 위해 온갖 편법을 쓰게 되고, 그런 만큼 기업의 경쟁력은 떨어질 것이다.

인생의 가치관에 대하여

누구나 자기만의 가치관을 가지고 살아간다. 지금까지 이렇다 할 가치관 하나 없다면 앞으로의 인생이 쉽지 않을 것이다. 자기를 바로 세울 가치관이 없다는 건 삶의 목적이나 꿈이 없는 것과 같다.

당신에게 묻겠다.

"당신은 인생을 살면서 어떤 가치관을 가지고 있나?"

인도의 민족운동 지도자이자 건국의 아버지인 마하트마 간디는 이런 말을 했다.

당신의 믿음은 당신의 생각이 되고,
당신의 생각은 당신의 말이 된다.
당신의 말은 당신의 행동이 되고
당신의 행동은 당신의 습관이 된다.

당신의 습관은 당신의 가치가 되고

당신의 가치는 당신의 운명이 된다.

마음을 울리는 명문이다. 이 말을 보면, 한 사람의 가치관을 정립하는 데 결정적으로 작용하는 것이 바로 자기 자신에 대한 믿음이다. 여기에서 믿음이란 무슨 종교를 믿으라는 것이 아니라 신념을 의미한다.

역사를 돌아보면 세계를 움직인 성인과 위인들은 그들만의 확고한 믿음이 있었다. 4대 성인으로 불리는 고타마 붓다가 그랬고, 예수가 그랬고, 공자가 그랬고, 소크라테스가 그랬다. 그들은 자신의 믿음과 행동이 세상을 바꿀 것이라는 확고한 신념이 있었다.

기업도 마찬가지이다. 애플의 설립자 스티브 잡스, 페이스북의 개발자 마크 저크버그, 발명왕 에디슨, 중국의 최대 갑부인 마윈 등 많은 기업인들이 자신이 하는 일이 세상을 바꿀 것이라는 확고한 신념을 가졌기에 성공할 수 있었다.

그들의 공통점은 한결같이 부자가 되기 위해서 일한 것이 아니라 세상을 좀더 편리하게 만들기 위해 불철주야 노력하다 보니 어느덧 세계적인 부자가 되었다는 것이다. 돈을 벌기 위해서 일한 것이 아니라 자신의 신념에 따라 열심히 노력한 결과 성공할 수 있었다는 얘기다.

다시 한번 당신에게 묻겠다.

"당신에게는 어떤 신념이 있으며, 그 신념에 따른 가치관은 무엇인가?"

간디는 확고한 신념이 있었기에 분열된 인도를 하나로 뭉치게 했다. 식민지로 삼았던 영국인의 총칼 앞에서도 오직 비폭력 저항운동을 전개해 인도를 독립시켰다. 만약 비폭력 저항운동만이 인도를 독립시킬 수 있다는 신념이 없었다면 오늘날 인도는 지도에 없을지도 모른다.

이처럼 믿음은 한 인간의 가치관을 형성하는 데 매우 중요하다. 한 사람의 신념은 국민의 마음을 움직이게 하고, 국가를 움직이게 하고, 세계를 움직이게 한다.

요즘 청년들은 미래가 암울하다고 말한다. 자신의 삶에 대해 자포자기하며 '나는 뭘 해도 안 된다'는 부정적 생각에 사로잡혀 있다. 원인이 뭘까? 자기 자신에 대한 믿음이 없기 때문이다. 자신에 대한 믿음은 미래를 결정하는 아주 중요한 요소이다.

신념은 누가 만들어주는 것이 아니다. 세상이 아무리 힘들다 하더라도 '하면 된다' '할 수 있다'는 자신에 대한 강한 믿음이 미래를 결정한다는 것을 깨달아야 한다.

그럼 신념은 어떻게 생길까? 예를 하나 들어보겠다.

여기에 목표가 하나 있다. 그것은 미래의 꿈이기도 하고 일이기도 하다. 미래를 위해서 지금 나는 어떤 삶을 살 것이고, 이것을 실천하면 반드시 꿈이 이루어질 것이라는 확신이 바로 믿음이고 신념이다. 이러한 믿음은 간디의 말처럼 행동이 되고 습관이 되고 운명이 된다. 이것이 바로 신념이다.

BTS는 한국의 큰 자산이다

얼마 전 BTS가 미국에서 가장 인기 있는 노래 순위에서 1위를 차지했다. 2012년 싸이가 〈강남 스타일〉로 7주 연속 2위를 기록한 적은 있지만 1위를 기록한 것은 최초라고 한다.

게다가 BTS는 뉴욕 유엔본부에서 열린 유니세프 청소년 어젠다인 '제너레이션 언리미티드(Generation Unlimited)' 파트너십 출범 행사에서 '스스로를 사랑하라'는 주제로 연설까지 했다니 한국인으로서 매우 자랑스럽다. BTS가 성취한 것을 경제효과로 따지면 수치로 계산할 수 없을 만큼 천문학적이다.

더구나 BTS의 노래 가사들은 모두 우리말로 되어 있어서 세계의 청소년들이 따라 부른다. 이건 무얼 말하는가? 그들은 노래로 한국을 알리고 세계인의 마음을 움직이는 홍보대사라는 뜻이다.

그런데 우리 정부는 그들에게 어떤 지원을 해주고 있는가? 지금까지 정부의 문화정책을 보면 국민들에게 보여주기 위한 전시

성 정책이 많았다. 과거의 예를 보면 그동안 한류(韓流)를 이끌었던 대중음악이나 드라마 등도 시간이 지나면 언제 그랬던가 싶게 기억 속에서 사라지곤 했다. 그런 상황이고 보니 BTS도 그들과 똑같은 전철을 밟을까 심히 염려스럽다.

지금까지 BTS는 그들만의 힘으로 세계적인 스타가 되었다. 그들이야말로 21세기의 애국자이다. BTS 같은 그룹은 국가적 차원에서 지원을 아끼지 말아야 한다. 그래서 미국 시장만 공략하지 말고 유럽, 동남아, 아프리카, 나아가 북한까지 가서 공연을 하라는 것이다. BTS가 노래와 춤으로 세계의 젊은이들을 하나로 끌어안을 수 있도록 국가가 지원해야 한다는 것이 나의 생각이다.

세계에 한국을 알리는 데에는 스포츠와 문화만 한 것이 없다. 정상에 오르기는 힘들어도 떨어지는 것은 한순간이다. 기회는 왔을 때 잡아야 한다. BTS가 그 절호의 기회를 놓치지 않길 바란다.

고집 있는 사람,
고집 없는 사람

본디 능력 있는 사람이 고집도 세다.

이런 사람은 자기 일에 책임감이 강한 반면,

고집이 없는 사람은

술에 술 탄 듯, 물에 물 탄 듯

일을 처리하는 경향이 있다.

나는 자기주장이 강하고

고집 센 사람을 좋아한다.

그보다 더 훌륭한 사람은

상대방을 설득하고 이해시켜

수긍하게 만드는 사람이다.

당신은 어떤 사람이 되기를 원하는가?

가면과 본색

2020년 12월 7일 초판 1쇄 | 2020년 12월 22일 11쇄 발행

지은이 천공
펴낸이 김상현, 최세현 **경영고문** 박시형

책임편집 정법안, 손현미 **디자인** 김지현
마케팅 양근모, 권금숙, 양봉호, 임지윤, 조히라, 유미정, 전성택
디지털콘텐츠 김명래 **경영지원** 김현우, 문경국
해외기획 우정민, 배혜림 **국내기획** 박현조
펴낸곳 (주)쌤앤파커스 **출판신고** 2006년 9월 25일 제406-2006-000210호
주소 서울시 마포구 월드컵북로 396 누리꿈스퀘어 비즈니스타워 18층
전화 02-6712-9800 **팩스** 02-6712-9810 **이메일** info@smpk.kr

ⓒ 천공 (저작권자와 맺은 특약에 따라 검인을 생략합니다)
ISBN 979-11-6534-266-1 (03320)

쌤앤파커스(Sam&Parkers)는 독자 여러분의 책에 관한 아이디어와 원고 투고를 설레는 마음으로 기다리고 있습니다. 책으로 엮기를 원하는 아이디어가 있으신 분은 이메일 book@smpk.kr로 간단한 개요와 취지, 연락처 등을 보내주세요. 머뭇거리지 말고 문을 두드리세요. 길이 열립니다.